Vera F. Birkenbihl

Psycho-logisch richtig verhandeln

Professionelle Verhandlungstechniken
mit Experimenten und Übungen

mvg

Die Deutsche Bibliothek – CIP-Einheitsaufnahme

Birkenbihl, Vera F.:
Psycho-logisch richtig verhandeln : professionelle
Verhandlungstechniken mit Experimenten und Übungen
Vera F. Birkenbihl. – 11. Aufl. – Landsberg am Lech :
mvg-verl., 1997
(Business-Training ; 1141)
ISBN 3-478-81141-4
NE: GT

11. Auflage 1997

Das Papier dieses Taschenbuchs wird möglichst umweltschonend hergestellt und enthält keine optischen Aufheller.

Umschlaggestaltung: Gruber & König, Augsburg
Satz: Fotosatz Buck, Kumhausen
Druck- und Bindearbeiten: Presse-Druck Augsburg
Printed in Germany 081 141/1297802
ISBN 3-478-81141-4

Widmung

Dieses Buch ist zwei Gruppen von Menschen gewidmet: Zum einen den Wissenschaftlern und Autoren, deren Arbeiten mich erst befähigten, hier dargelegte Konzepte und Denk-Modelle auszuarbeiten, insbesondere BERNE, CAMPBELL, GORDON, MASLOW, SZASZ und WATZLAWICK. Zum anderen (wie auch bei meinen letzten beiden Büchern) war die Entwicklung der vorliegenden Arbeit erst durch die regen Diskussionen meiner Seminarteilnehmer, durch ihre Zweifel und ihr kritisches Hinterfragen abgerundet und »geglättet« worden. Teilnehmer aus drei Gruppen haben besonders viel zur ständigen Überarbeitung der neuen Denk-Modelle und Übungen beigetragen: Mitarbeiter der BayWa (Bereich Landmaschinen), der Deutschen Nemectron und der U.S.Army in Berlin.

Ihnen allen, wie auch dem Verlag selbst, der ein schnelles Erscheinen ermöglichte: Herzlichen Dank!

Zu diesem Buch

Sie können dieses Buch lesen, Sie können es aber auch als individuelles Trainingsprogramm auffassen. Im letzteren Fall würden Sie wie folgt vorgehen:

1. Sie lesen den Teil I sowie die Themen des Anhangs, die Sie interessieren.
2. Parallel dazu beginnen Sie mit den Inventurübungen am Ende eines jeden Kapitels.
3. Nach Abschluß aller Inventurübungen gehen Sie zu Teil II über.
4. Sie prüfen Ihr Wissen bezüglich Teil I durch den Test im Kapitel 7.
5. Dann absolvieren Sie den Übungs-Zyklus der Kapitel 8 und 9 und setzen die gewonnenen Erkenntnisse mehr und mehr in Ihrer täglichen Praxis ein.
6. Weiteres intensives Training ermöglicht der Folgeband »Fragetechnik schnell trainiert«, ebenfalls im mvg-Verlag erschienen.

Falls Sie zu den Menschen gehören sollten, die prinzipiell kein Vorwort lesen, machen Sie doch bitte diesmal eine Ausnahme, da das Vorwort dieses Buches (ab S. 13) Gedanken enthält, die später im Text wieder aufgegriffen werden.

Inhaltsverzeichnis

Vorbemerkung zur Taschenbuchausgabe

Im Vorwort (zur ersten Auflage) benutze ich die *Verhandlungs-Situation zwischen den USA und Mexiko* als Fallbeispiel, um einige »Regeln« schlechter (aber regelmäßig auftretender) Verhandlungstaktik aufzuzeigen. Die Tatsache, daß inzwischen etwas Zeit ins Land gegangen ist, gibt Ihnen beim Lesen eine besondere Perspektive. Der amerikanische Präsident heißt jetzt nicht mehr CARTER.

Doch was im Großen gilt, gilt natürlich auch im Kleinen, und damit auch für die Verhandlungs-Situationen Ihrer persönlichen Praxis (beruflich wie privat). Im Gegensatz zur Weltpolitik können Sie diese maßgeblich mitgestalten. Es geht um Ihre Zukunft, Ihren Erfolg!

Odelzhausen, Frühjahr 1989 — Vera F. Birkenbihl

Vorwort zur ersten Auflage

Aus der politischen Verhandlungs-Situation zwischen den USA und Mexiko Ende der siebziger Jahre können wir die Schwierigkeiten und Mechanismen verstehen, die *jede* Verhandlungs-Situation (beruflich wie privat) kennzeichnen:

> **1. Solange einer der Partner dem anderen überlegen ist, neigt er in der Regel dazu, Druck auf den schwächeren auszuüben.**

Diese Regel[1] gilt nicht nur für die Verhaltensweise von Nationen, sondern beschreibt das Vorgehen einzelner Personen genauso. Auf die USA-Mexiko-Situation bezogen können wir diese Regel klar erkennen: Bis zur Entdeckung der riesigen Erdöl-Vorkommen in Mexiko hatten die USA ihre starke Verhandlungsposition rücksichtslos ausgenützt. Nun aber hat sich die Situation verändert. Interessant ist ein Satz von F. KASSEBEER in der Süddeutschen Zeitung, Nr. 39 (1979, Seite 3):

Als Jimmy Carter zum Staatsbesuch landete, drückte JLP seine Überraschung aus über »die Mischung von Interesse, Herablassung und Furcht«, die in den USA gegenüber Mexiko herrschen.

Es war den Amerikanern unmöglich, Jimmy CARTERs Vorsatz, Mexiko als gleichwertigen Partner zu sehen, auch in die Tat umzusetzen. Denn:

> **2. Wenn sich die Verhandlungssituation plötzlich verändert, können die Verhandlungspartner sich dieser neuen Situation nur langsam anpassen.**

---

[1] Die im Vorwort aufgezeigten fünf »Regeln«, von denen dies die erste ist, beschreiben *schlechte* Verhandlungstaktiken und sollten *vermieden* werden. Wir nennen sie »Regeln«, weil sie leider nur allzu regelmäßig auftreten.

Aber es ist *nicht* nur den Amerikanern schwergefallen, dem mexikanischen Gesprächspartner mit Respekt und Achtung zu begegnen. Auch der ehemals Schwache (Mexiko) mußte mit seiner neuen Position der Stärke erst selbst fertig werden.

Die oben zitierten Worte des mexikanischen Präsidenten beschreiben eine solche Situation: *Interesse* plus *Herablassung* und *Furcht.* Zwar sollte man annehmen, daß diese drei Faktoren schwerlich in derselben Situation auftreten könnten, weil sie sich zum Teil gegenseitig auszuschließen scheinen. Aber: In jeder Verhandlungssituation, in der sich widersprechende Bedürfnisse vorhanden sind, kann eine solche Mischung sehr wohl auftreten. Im Falle der USA bedeuteten diese »gemischten« Gefühle:

INTERESSE:

Plötzlich hatten die Mexikaner etwas, was die USA wirklich *brauchten.* Interesse läßt immer auf unbefriedigte Bedürfnisse dessen schließen, der Interesse hat! Die USA waren auf das Öl Mexikos angewiesen. Wieso kam es dann trotzdem zur Herablassung? Und: Was fürchteten die USA?

FURCHT:

Furcht resultiert aus einem Gefühl der Bedrohung. Inwieweit bedrohte die neue Situation jetzt den »Gringo«? Wiewohl die Amerikaner das Erd*öl* Mexikos dringend benötigten, fürchteten sie die Erd*gas*vorkommen ihres Nachbarn. Denn diese gefährdeten den Absatz ihrer eigenen Erdgasvorräte, die in Alaska unter sehr schwierigen Bedingungen (also teuer) abgebaut werden müssen. Diese Furcht aber geht mit kopflosen, unbedachten Reaktionen einher. Dies bewies SCHLESINGER, wie der SPIEGEL (Nr. 8, 1979, S. 149) berichtete, als er –

». . . Ende 1977 ein bereits ausgehandeltes Abkommen über den Verkauf von mexikanischem Erdgas an ein US-Konsortium zu Fall (brachte): Mit 2,60 Dollar pro 1 000 Kubikfuß sei es zu teuer. › Carter will Erdnüsse für Erdöl eintauschen ‹ hieß es . . . kurz vor Ankunft des US-Präsidenten, auf einer meterhohen Inschrift in Mexiko-City.«

Ein weiterer Grund für die Furcht der »norteamericanos« besteht in der Erdöl-Situation selbst. Wenn Mexiko will, *kann es* die USA ernsthaft daran hindern, ihren hohen Lebensstandard (der mit zu den herablassenden Gefühlen der letzten Jahrzehnte beigetragen hatte) aufrechtzuerhalten.

Trotzdem hat sich diese herablassende Haltung auch weiterhin nicht geändert:

HERABLASSUNG:

Denn auch die USA können Mexiko nach wie vor schaden. Unter anderem, indem sie das Problem der illegalen mexikanischen Einwanderer noch härter anfassen als bisher. Denn, wie der SPIEGEL (op. cit. S. 150) schreibt:

»Für die Mexikaner ist Amerikas durchlässige Grenze ein Ventil für sozialen Druck. Von Carter wollen sie deshalb erreichen, daß wenigstens in den nächsten vier, fünf Jahren die Amerikaner die Grenze nicht dichtmachen – so lange, bis sie selbst mehr Arbeitsplätze geschaffen haben.«

Dies gilt heute immer noch!

Dabei ist die Situation fast schon komisch: Schließlich sind diese zwei Nationen eigentlich ideale Nachbarn, da sich ihre Bedürfnisse in so hervorragender Weise ergänzen, so daß beide Länder von guter Verhandlungstaktik nur profitieren würden!

Aber sie tun es nicht, denn:

3. Je mehr einer (oder mehrere) der Verhandlungspartner darauf angewiesen ist (sind), seine (ihre) Ziele zu erreichen, desto eher wird er (werden sie) unbedacht reagieren. Desto größer ist die Gefahr, aggressiver und/oder defensiver Maßnahmen, die eine gute Strategie zwischen ebenbürtigen Partnern verhindern.

Wie die Nord- und die Mittelamerikaner ihre Verhandlungsprobleme lösen werden, kann man in Zukunft in der Presse und im Fernsehen mitverfolgen. Außerdem könnte man so manches dabei lernen, wenn man sich darüber klar ist, daß bei Einzelpersonen dieselben Gesprächsregeln gelten.

Unsere Aufgabe ist es, die darunterliegenden (versteckten) Mechanismen und Prozesse zu verstehen, damit wir unsere eigenen Verhandlungs-

Situationen (beruflich wie privat) besser, problem- und konfliktfreier, erfolgreicher meistern können!

Falls Sie sich gewundert haben sollten, daß wir sowohl im Berufs- als auch im Privatleben von »Verhandlungen« sprechen, sei mir ein Hinweis auf eine Unklarheit der deutschen Sprache erlaubt. Unser Thema befaßt sich nämlich mit dem, was die Anglo-Sachsen als »negotiation-technique« bezeichnen. Hierbei ist im englischen Sprachraum jedem klar:

»Negotiation« heißt eine Gesprächs-Situation, in der man ein konkretes Ziel erreichen will.

Das gilt für die USA, wenn sie mit Mexiko verhandeln. Ebenso gilt dies, wenn ein Geschäftsmann mit einem Partner, einem Kunden, einem Lieferanten verhandelt, oder wenn er einen Mitarbeiter motivieren will, wenn ein Ehepaar sich nicht auf ein Urlaubsziel einigen kann und bei Verkaufs- und Beratungsgesprächen wie bei Situationen, in denen man jemanden bittet, einem einen Gefallen zu erweisen. Das gilt sogar dann, wenn Sie eine andere Meinung vertreten als Ihr Gesprächspartner und wenn Sie wollen, daß dieser andere Ihre Meinung akzeptiert. Deshalb sagt man im Englischen ja auch: »to sell somebody an idea«; wörtlich: jemandem eine Idee (einen Gedanken) verkaufen.

Wir können also unter einer »Verhandlung« jede Gesprächssituation verstehen, in der mindestens einer der Partner ein konkretes Ziel zu erreichen versucht.

Nennen wir diese Person, die ein konkretes Ziel anstrebt, einmal A, während wir die Person, die motiviert werden soll, mit B bezeichnen. Nun sieht die Lage, aus der Sicht von A, wie folgt aus:

Entweder er erreicht sein Verhandlungsziel, oder aber er erreicht es nicht (sogleich). Vereinfacht können wir sagen:

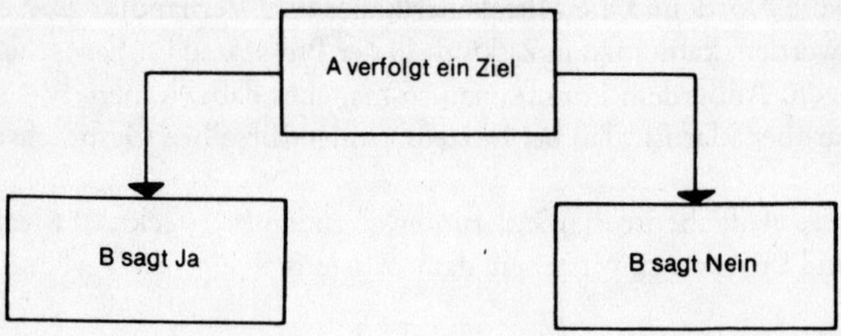

Zum Beispiel möchte die Mutter (in der Rolle von A), daß ihr Junge den Mülleimer hinunterträgt. Nun sagt der Sohn entweder Ja oder Nein. Natürlich vereinfachen wir hier, um einen Gedankengang klar herauszuarbeiten. Oft sagt der Sohn nicht »Nein«, sondern: »Warum denn immer ich?«, oder: »Weißt Du eigentlich, daß Du mich immer um so was bittest, wenn ich anfange zu basteln?« Wir werden jedenfalls jede Art der Ablehnung als ein »Nein« bezeichnen.

Nehmen wir an, Sie seien der Meinung, alle Unternehmer wollten ihre Mitarbeiter nur ausbeuten. Nehmen wir weiterhin an, Ihr Gesprächspartner sagt: »Du spinnst wohl?!« Dann wäre auch diese Situation in unser Schema oben einzugliedern, *wenn* Ihnen nun daran liegen würde, Ihren Freund von Ihrer Meinung zu überzeugen, wenn Sie ihm also Ihre Überzeugung »verkaufen« wollen.

Genaugenommen stellt fast jede Gesprächs-Situation gleichzeitig eine *potentielle Verhandlungs-Situation* dar. Nur sind wir und dieser Tatsache aus drei Gründen meist nicht bewußt:

1. Jedesmal wenn wir eine *Meinung* äußern, kann es sein, daß jemand widerspricht. Dies gleicht unserem »Nein« immer dann, wenn wir beginnen, unsere Meinung zu verteidigen. Denn jetzt sind wir ja im Begriff, unseren Standpunkt, unseren Gedankengang »verkaufen« zu wollen. D.h.: Immer, wenn wir irgendwen von irgendwas überzeugen wollen bzw. jedesmal wenn wir im Begriff sind, jemanden zu überreden, befinden wir uns bereits mittendrin im »Verhandeln«. Denn jetzt verfolgen wir ja ein Ziel, nämlich unsere Überzeugung auch »an den Mann« zu bringen!
2. Oft ist uns das Ziel, das wir verfolgen, nicht bewußt. Es kann z.B. jemand recht »stur« argumentieren, nur weil er recht behalten will. Diese Rechthaberei aber wird durch ein Ziel ausgelöst, welches in der Regel unbewußt ist. Zum Beispiel kann das Ziel darin bestehen, in den Augen anderer nicht »dumm« dazustehen.
3. Wiewohl wir schon andeuteten, daß wir mit »Verhandlung« jede Situation meinen, in der jemand ein Ziel verfolgt, löst das Wort »Verhandlungstaktik« doch zunächst gewisse Assoziationen aus, die mit Berufsleben, mit großen Zielen zu tun haben. Daher fällt es anfangs schwer, die Parallelen der Gesprächsführung in einer beruflichen und einer privaten Situation zu erkennen.

Weiter gilt es noch festzuhalten, daß wir in vielen Siutationen gar nicht bereit sind, gut zu »verhandeln«. Oft sind wir einfach »stur« oder rechthaberisch. Oft wenden wir Druck an, wenn wir meinen, der Stärkere zu sein (s. Regel Nr. 1, Seite 13). Oft manipulieren wir andere, ohne uns überhaupt darum zu bemühen, auf ihre Bedürfnisse einzugehen – was eine Vorbedingung guter Verhandlungstaktik und erfolgreicher Motivation wäre.

Es wäre unsinning, von einem Menschen zu verlangen, alle (potentiellen) Verhandlungs-Situationen strategisch geschickt zu meistern. Es ist unser gutes Recht, manchmal schlecht zu kommunizieren. Nicht immer haben wir die Kraft und die »Nerven«, auf den anderen und seine Bedürfnisse optimal einzugehen.

Trotzdem sind wir uns aber darüber klar, daß jedes häufig auftretende Verhalten zu eingefahrenen Verhaltensmustern führt. Je öfter jemand also schlecht kommuniziert, desto weniger ist er in der Lage, *wenn es darauf ankommt*, gut zu verhandeln! Je mehr jemand dazu neigt, Druck auszuüben, desto größer ist die Gefahr, daß er dies in einer wichtigen Verhandlungs-Situation ebenfalls tut. 1979 zeigte ein Beitrag der Sendung »Auslandskorrespondenten berichten«, daß die USA durch ihre traditionelle (gewohnheitsmäßige) Druck-Ausübung auf Mexiko sogar den Bau der Erdgasleitung von Mexiko nach USA (welche zu 80 % fertiggestellt war) verhinderten! Die Regel Nr. 4 deutet an, daß eine solche »Kampfstrategie« nichts bringen kann:

4. Druck erzeugt Gegendruck

Das heißt, bald wird Mexiko zum Gegenschlag ausholen, dann wieder die USA, usw.

So banal dies im ersten Augenblick auch klingen mag, so ist es doch eine sehr wichtige Regel. Deswegen sollte man sich m. E. so oft wie möglich darum bemühen, strategisch klug vorzugehen. Je häufiger man sich darin übt, desto sicherer wird man diese positiven Kommunikations-Mechanismen auch dann anwenden können, wenn u. U. sehr viel vom Verhandlungserfolg abhängt und weil man dann eben gewohnheitsmäßig, automatisch sozusagen, eine erfolgreiche Strategie einsetzt.

Vielleicht meinen Sie, es lohne sich wirklich nicht, daß sich die Mutter in eine lange Diskussion einläßt, wenn sie möchte, daß ihr Kind den

Mülleimer hinunterbringt. Das wollen wir auch nicht behaupten. Dies besagt auch unsere Regel Nr. 5:

5. Der strategische Aufwand steht oft in keinem sinnvollen Verhältnis zum Wert des Zieles!

Ehe die Mutter also 10 Minuten lang »verhandelt«, kann sie selbst den Mülleimer hinuntertragen oder den Sohn mit drei knappen Sätzen (vielleicht sogar mit Strafandrohung) dazu zwingen, es zu tun.

Trotzdem wären gerade so »läppische« Situationen ausgezeichnet geeignet, sich in guter Gesprächstaktik zu üben. Denn: Je wichtiger einem das Gesprächsergebnis, desto weniger ist man in der Lage, analytisch denkend vorzugehen (Regel Nr. 3; Seite 15).

Sie können gerade bei den »kleinen«, alltäglichen Gesprächen gut beobachten, welche Art von Fehlern häufig gemacht wird. Hier können Sie feststellen, wie erschreckend viele Menschen beim geringsten Anlaß zu Kampfmaßnahmen übergehen; wie sehr die meisten Menschen versuchen, andere zu über*reden*, weil sie die Kunst der Überzeugung nie gelernt haben. Wie wenig unsere Kultur uns darauf vorbereitet hat, wirklich mit anderen zu sprechen (statt aneinander vorbei oder gegeneinander zu reden), beschreibt Josef RATTNER (31) ausgezeichnet:

»Man darf sarkastisch feststellen, daß der Mensch inzwischen die Distanz bis zum Mond überwunden hat, aber immer noch daran scheitert, zu seinen Mitmenschen zu gelangen ... Was (den Menschen) aus ihrer Not heraushelfen könnte, wäre das echte Gespräch, die Verständigung mit dem Du. *Aber gerade das wird in unserer Kultur sehr schlecht gelernt. Jedes Menschenkind erlebt in seinem Heranwachsen unendlich viel Aneinander-Vorbeireden, affektgeladenes Schreien, Schimpfen, Toben oder das autoritäre Dozieren von Eltern, Lehrern und anderen Respektpersonen ... Da entsteht dann im Unterbewußtsein jedes einzelnen der Wunsch, sich via Sprechen und Sprache durchzusetzen zu dürfen, andere zu überrollen, durch Einschüchterung zu ›überzeugen‹...*
Der echte Dialog wird nur von Menschen gefunden werden können, bei denen wirklich Interesse für den Mitmenschen besteht. Nur derjenige, der dem Geist der Macht und Gewalt abgesagt hat, ist zum Hören und Antworten befähigt. Vergessen wir nicht, daß das Wort Vernunft aus Vernehmen kommt. Vernünftig sind nur Menschen, die gelernt haben, die Gedanken anderer in sich aufzunehmen, ohne gleich in Angst oder Verteidigungsstellung abzugleiten« (Josef RATTNER: *Der schwierige Mitmensch, S. 99/100).*

Unabhängig davon, ob Sie eine gute Verhandlungs-Strategie nur in »wichtigen« Situationen einsetzen wollen oder aber so oft wie möglich, dieses Buch verfolgt ein klares Ziel: diejenigen (versteckten) Mechanismen aufzudecken, die so manche Verhandlungs-Situation zum Scheitern verurteilen. Außerdem: Eine Strategie (genaugenommen mehrere Strategien) anzubieten, die Ihnen helfen wird (werden), den *Krisenbereich* besser zu meistern. Als Krise bezeichnen wir jenen Bereich, in dem eine Verhandlung »abzurutschen« droht.

Wir sagen, daß A (der ein Ziel anstrebt) von B eine von zwei möglichen Reaktionen erwarten kann: Entweder B sagt Ja (akzeptiert, stimmt zu, ist bereit, die Forderungen A's zu erfüllen, will A's Produkt oder Dienstleistung kaufen usw.) oder aber er sagt Nein (egal wie dieses »Nein« auch formuliert werden mag).

Aber diese Aussage ist noch zu ungenau. Denn in Wirklichkeit gibt es drei Reaktionsmöglichkeiten für B:

- *B sagt sofort Ja.* Dies nennen wir eine Plus-Situation. Hierbei sind auch all jene Situationen miteingeschlossen, in denen Ihre Aussagen nicht angegriffen werden, also jedes Kopfnicken, jedes Hinnehmen Ihrer Worte, jede Zustimmung Ihrer Meinung.

- *B sagt zunächst Nein.* Dies wollen wir eine Fragezeichen-Situation nennen. Hier lehnt B ab, sagt Nein, stimmt mit unserer Meinung nicht (sofort) überein. Aber es gibt eine reale Chance, ihn trotzdem zu überzeugen oder zu motivieren.

- *B sagt und bleibt beim Nein.* Dies werden wir als Minus-Situation bezeichnen. Hier ist es B nicht möglich, Ihnen zuzustimmen, Ihr Produkt zu kaufen, Ihnen den erbetenen Gefallen zu erweisen usw.

Nun wollen wir uns noch fragen: Was ist »Erfolg«, was »Mißerfolg«, wenn wir eine Verhandlungs-Situation bewerten wollen? Wir gehen dabei natürlich immer vom Standpunkt des A aus, da er ja in unserem Schema derjenige ist, der etwas von B will.

Wenn ich diese Frage im Seminar stelle, erhalte ich zunächst meistens die folgende Antwort: »Man spricht von Erfolg, wenn ich mein Ziel erreicht habe.«

Denken Sie nach: Wollen Sie dieser Aussage zustimmen? Dann fragen Sie sich doch bitte einmal, wie die Verhandlungs-Situation aus der Sicht des B aussieht? Nehmen wir an, jemand würde Sie bitten, morgen abend um halb acht nackt auf seiner Party zu erscheinen? Absurd, werden Sie sagen. Sicherlich. Aber zeigt Ihnen dieses absurde Beispiel nicht, *daß B das Recht haben muß,* Nein zu sagen? (Das Recht auf freie Meinungsäußerung, das sogar im Grundgesetz verankert ist!)

FALLBEISPIEL GRUNEWALD:

Im Grunewald (in Berlin) kann man ein hochinteressantes Phänomen beobachten: Es gibt dort einen Nacktbadestrand, der allerdings vom Rest des Parks in keiner Weise abgegrenzt ist. Die Spaziergänger, die einen Gang um den See machen, *müssen* zwangsläufig durch die Nacktbadezone laufen. Also marschieren viele Familien mit Kind und Hund am Sonntag dort hindurch. Die einen machen sich gar nichts draus, anderen wieder ist die Situation peinlich. Da es aber in Berlin wenig Spazierwege gibt, laufen sie trotzdem dort entlang. Am gegenüberliegenden Ufer von diesem speziellen Strandstück befindet sich ein Café. Dort hörte ich am Nebentisch einmal folgenden Dialog:

Sie: Also, ich geh da nich wieder vorbei!
Er: Aber der Wagen steht dort drüben am anderen Ufer.
Sie: Ist mir egal. Ich geh da nich wieder vorbei.
Er: Aber, wenn doch das Auto drüben steht! Außerdem ist da ja weiß Gott nichts bei!
Sie: Eine Schande ist das!
Er: Das siehst du nur falsch. Die wollen doch auch ein Stück Grunewald genießen. Kannste das denn nich verstehen?
Sie: Nee. Schweine sind das. Alle miteinander! Ich geh da nich wieder vorbei!

Das Gespräch ging noch lange in diesem Stil weiter. Leider war ich nicht allein, und meine Tischgenossen bestanden darauf, wieder aufzubrechen. Ich hätte gerne beobachtet, wie die beiden sich schließlich geeinigt haben.

Worauf es uns jetzt ankommt ist: Wenn wir »Erfolg« und »Mißerfolg« wie oben definieren, dann erhöhen wir damit die Gefahr, daß man, um einen Mißerfolg zu vermeiden, stur werden muß! Wobei man vielleicht auch einmal darüber nachdenken könnte, ob unser fast krankhaftes Streben nach Erfolgen (und unsere Angst vor Versagen, Fehlern und Mißerfolgen) überhaupt »gut« ist. Das Ehepaar im Grunewald ist ein typisches Beispiel für Verhalten, das aus einer solchen Einstellung heraus motiviert. *Warum darf denn B (hier die Ehefrau) nicht anderer Meinung sein?* Warum muß, wenn zwei sich streiten, immer nur einer »recht« haben?

Deswegen möchte ich dafür plädieren, so eine Situation anders zu betrachten: Wenn wir eine Plus-Situation erleben, dann hatten wir nicht »Erfolg«, sondern Glück! Wir haben Glück, wenn ein anderer unsere Meinung sofort akzeptiert. Wir haben Glück, wenn ein Kunde sofort von den Vorzügen unseres Produktes (unserer Dienstleistung) überzeugt ist. Wir haben Glück, wenn wir jemanden um einen Gefallen bitten, und der andere sagt sofort Ja.

Also werden Erfolg und Mißerfolg erst möglich, wenn wir ein Nein erhalten haben:

FRAGEZEICHEN-NEIN:

Hier hängt es davon ab, wie A strategisch vorgeht: So manche Fragezeichen-Situationen wurden allein durch eine schlechte Verhandlungstaktik zu Mißerfolgen geführt, wiewohl einer erfolgreichen Einigung von der Sachlage her nichts im Wege gestanden hätte. So gesehen kann man die USA (in der Rolle des A) durchaus als Versager ansehen, wenn man ihre Gespräche mit Mexiko betrachtet. Prinzipiell hätte einem Erfolg der Ölverhandlungen nichts im Wege gestanden, da beide Länder sich in ihren Bedürfnissen so wunderbar ergänzen. Alle derzeitigen Probleme sind auf Verhandlungsfehler der Vergangenheit zurückzuführen.

Ähnlich verhält es sich, wenn man Sie um einen Gefallen bittet, den Sie erfüllen könnten, Ihnen aber die Art und Weise der Nachfrage nicht gefällt und Sie deshalb ablehnen. Viele Gespräche unter Ehepaaren sind solche Fragezeichen-Situationen, bei denen die Verhandlungsstrategie allein für den Erfolg oder Mißerfolg verantwortlich ist.

MINUS-NEIN:

Hier sieht die Sachlage anders aus. Eine Minus-Situation ist laut unserer Definition *eine Situation, in der B keine Chance hat, Ja zu sagen, unabhängig davon, ob er gerne zustimmen würde oder nicht.*

Bis Anfang der achtziger Jahre hatte ein katholischer Pfarrer, der seinen Beruf aufgeben wollte, um zu heiraten, eine Fragezeichen-Situation vor sich, wenn es darum ging, ob er *weiterhin* als Religionslehrer bzw. als Lehrer eines anderen Faches an einer katholischen Schule arbeiten könnte. Das gleiche galt für einen Pfarrer, der Dozent an einer Universität war, wenn er nach der Laisierung (Rückversetzung in den Laienstand) ein anderes Fach an derselben Universität lehren wollte (z.B. Philosophie). Wenn er geschickt mit seinen Ordens- oder Kirchenoberen verhandelte, konnte es durchaus sein, daß er die Genehmigung erhielt, weiter zu unterrichten. Oft halfen die Kirchenoberen auch, wenn es galt, einen laisierten Priester in einem anderen Beruf unterzubringen.

Derzeit aber handelt es sich um eine Minus-Situation, weil sich Papst Johannes Paul II. entschlossen hat, *keinen* Antrag auf Laisierung mehr anzunehmen. Jetzt hat ein solcher Prieser keine Chance mehr, die Hilfe seiner Kirche, seines Ordens zu beantragen, weil derzeit keine Laisierungen möglich sind, so daß ein Pfarrer, der jetzt seinen Beruf verläßt, dies nur »im Bösen« kann! Diese Situation würde erst dann wieder eine Fragezeichen-Situation werden, wenn der Papst seinen Entschluß ändern würde, was allerdings höchst unwahrscheinlich ist.

Wovon hängt nun Erfolg oder Mißerfolg einer Situation ab, in der A nie »gewinnen« kann? M. E. hat A eine Minus-Situation dann erfolgreich gemeistert, wenn er sie rechtzeitig als Minus-Situation einstufen kann. Dann vermeidet er nämlich, daß er sich »ewig lange den Mund fusselig« redet, daß er auf Biegen oder Brechen versucht, sein Ziel zu erreichen, ehe er am Ende doch einsehen muß, daß all seine Bemühungen zwecklos sind. Erstens wird er diese Situation jetzt unbedingt als Niederlage erleben, und zweitens hat er oft die Gesprächsatmosphäre derart »vergiftet«, daß er mit dieser Person morgen, übermorgen oder nächste Woche kaum noch ein Gespräch beginnen kann.

Da aber die meisten unserer Verhandlungspartner Menschen sind, mit denen wir *immer wieder* zu tun haben, ist dieser Aspekt nicht zu unterschätzen.

Wir können unser Schema nun wie folgt vervollständigen:

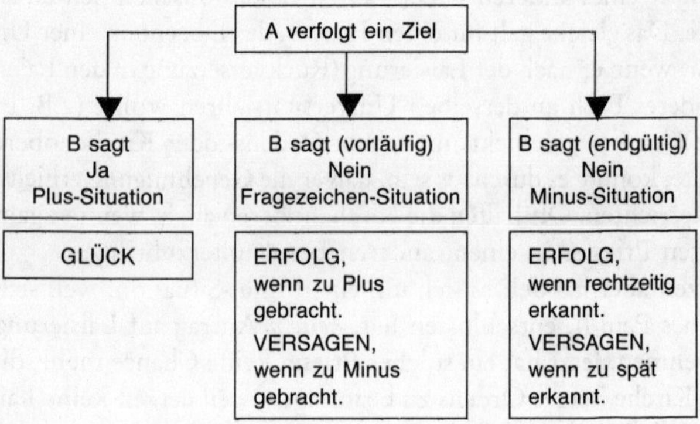

Aufgabe dieses Buches ist es u.a., Ihnen zu helfen, Fragezeichen-Situationen erfolgreich in ein *Plus* zu wenden sowie Minus-Situationen rechtzeitig zu erkennen, so daß man mit demselben Partner später über andere Ziele verhandeln kann.

An dieser Stelle muß noch vor einem Denk- oder Interpretationsfehler gewarnt werden: Die Erfahrung zeigt, daß Verhandelnde (in der Rolle des A) dazu neigen, Fragezeichen-Situationen, die zu Minus-Situationen *geworden* waren, im Nachhinein als Minus-Situationen anzusehen, so daß es im ersten Ansatz vielleicht so scheint, als benötige man überhaupt keine ausgezeichnete Strategie, um Fragezeichen- von Minus-Situationen unterscheiden zu lernen. Dieser Interpretationsfehler liegt u.a. auch daran, daß man als Dritter (selbst unbeteiligter Zuschauer) selten Probleme hat, Fragezeichen- von Minus-Situationen bei anderen zu trennen. Nur wenn wir selbst mittendrin stecken, fehlt uns die nötige Distanz, die »Objektivität«, die Übersicht. Ein Fallbeispiel soll dies verdeutlichen:

FALLBEISPIEL: DRUCKMASCHINE

Vor einem Seminar reise ich oft mit den Beratern »ins Gebiet«, um die spezifischen Probleme kennenzulernen, die diese Branche zu bewältigen hat. Hier der Wortlaut eines Gespräches (mit Genehmigung abgedruckt):

Kunde: Wissen Sie, ich habe früher viel mit Xerox gearbeitet. Ich muß Ihnen ehrlich sagen, daß ich mich mit dem Gedanken an eine Xerox trage . . .

Verk.: Xerox ist doch unmöglich. Sie wollen doch saubere und scharfe Kopien, oder?

Kunde: (leicht verärgert): Ich war bis jetzt mit Xerox immer sehr zufrieden.

Verk.: Ja, mit maschinengeschriebenen Texten vielleicht. Aber wenn Sie Zeichnungen und Skizzen haben, wie diese hier . . .

Kunde: Ich habe auch Skizzen und Zeichnungen kopiert. Wie gesagt: Ich war immer zufrieden!

Verk.: Vielleicht waren Sie das sogar. Oberflächlich betrachtet. Aber wenn sie mal eine Xerox-Kopie mit der unseren vergleichen, werden Sie feststellen . . .

Kunde: Wollen Sie unbedingt mit mir streiten?!

Verk.: (verdutzt) Wieso? Ich erkläre Ihnen ja nur, daß Sie sich ein falsches Bild von der Xerox machen, und daß . . .

Kunde: (wütend) Sie wollen mir also nur klarmachen, daß ich ein Idiot bin, weil ich bis jetzt mit Xerox zufrieden war?!

Verk.: (erstaunt) Aber ganz und gar nicht. Ich möchte Ihnen nur die Fakten und Beweise zeigen, damit Sie sehen, wie gut unser Gerä . . .

Kunde: Junger Mann! Vielleicht ist Ihr Gerät so gut wie Sie sagen. Vielleicht *ist* es technisch sogar besser als Xerox. Aber *ich* werde auf keinen Fall eines leasen! Guten Tag.

Nach diesem Gespräch bei dem Kunden wurde der Verkäufer gefragt:

1. Ist dies ein Fragezeichen- oder ein Minus-Fall?
2. Sind Sie auf den Kunden eingegangen?

Die Antworten des Verkäufers lauteten:

1. Natürlich ist dies ein Fall aus dem Minus-Bereich. Dieser Kunde schwört auf Xerox, da können Sie gar nichts machen.
2. Natürlich bin ich auf den Kunden eingegangen. (Er suchte in den Steno-Notizen und sagte) Hier: Ich habe zu ihm gesagt: *Sie wollen doch saubere und scharfe Kopien, oder?* Hier habe ich gesagt: *Wenn Sie Zeichnungen und Skizzen haben, wie diese hier . . .* Natürlich bin ich auf den

Mann eingegangen! Ich habe gesagt: *Ich möchte Ihnen nur die Fakten und die Beweise zeigen, damit Sie sehen ...*

Wir beließen es nicht bei dem Gespräch, sondern wir gingen vier Monate später wieder zum Kunden (wir, d.h. unsere Beratungsgruppe, nicht die Firma, dessen Verkäufer dort gewesen war). Wir erklärten dem Kunden, daß dies ein reines Informationsgespräch sei und daß wir ihm nichts verkaufen wollten. Wir fragten:

1. ob er schon geleased habe? und:
2. bei welcher Firma?

Antworten: 1. Er hatte jetzt eine Druckmaschine angeschafft, aber 2. keine Xerox. Ein Mitbewerber hatte »gewonnen«!

Hier ist es für Sie leicht, zu erkennen, daß unser Berater einen Fragezeichen-Fall zu Minus »hingeschoben« hatte, da man als neutraler Beobachter mehr Überblick hat. Trotzdem möchte ich Sie fragen: Halten Sie diesen Berater für einen guten oder schlechten Verhandlungspartner?

Überlegen Sie einen Augenblick, falls Sie sagen wollen, er sei natürlich ein schlechter Verhandlungsstratege. Warum? Weil Sie aufgrund *eines einzigen* Beispiels nicht darauf schließen können, wie dieser Mann normalerweise vorgeht. Tatsache ist, daß er sonst sogar recht geschickt verhandelt. (Inzwischen ist er Gebietsleiter geworden und wird im allgemeinen von seinen Kunden sehr geschätzt.) Aber er hatte eben damals einen »schlechten Tag«. Später sagte er mir, daß es ihn nervös gemacht hatte, daß jemand zum Beobachten dabei war. Das ist sicher verständlich. Nur müssen wir davon ausgehen: Wenn dieser Mann aus irgendwelchen Gründen nervös ist, *dann* besteht große Gefahr, *daß* er so vorgeht. Und Sie? Glauben Sie nicht auch, daß Sie ab und zu mal einen »schlechten Tag« haben?

Das Interessante ist, daß wir an »schlechten« Tagen in Verhaltensweisen fallen, die un-be-dacht sind. Dies sind Verhaltensweisen, die automatisch, routiniert, ohne viel Überlegung »passieren«. Wenn man also automatisch, routinemäßig eine geschickte, erfolgreiche Verhandlungsstrategie anwenden könnte, ohne viel dabei nachdenken zu müssen, dann würde man nicht nur an den »Sonnentagen« gut verhandeln können, sondern immer, wenn es wirklich darauf ankommt.

Wenn jemand eine erfolgreiche Strategie einsetzen kann, ohne über jeden Schritt seiner Strategie lange nachdenken zu müssen, hat er einen weiteren Vorteil: Er hat viel mehr Kraft (Energien, »Nerven«) frei, um über den Inhalt des Gesagten nachzudenken. Je mehr man aber überlegen muß, welches jetzt strategisch der nächste Schritt sein sollte, desto weniger Energie kann man zwangsläufig in den Inhalt des Gesprächs investieren.

Um jedoch eine gute Strategie entwickeln zu können, müssen drei Vorbedingungen erfüllt sein:

1. Man muß gewisse Kenntnisse besitzen, damit man entscheiden kann, ob eine strategische Maßnahme auch sinnvoll ist. (Ein General, der keine Ahnung hat, welche Ziele der Feind erreichen will, kann keine sinnvolle Strategie entwickeln.)
2. Man muß experimentieren und probieren. (Übung macht den Meister.)
3. Man muß bereit sein, sein eigenes Verhalten kritisch-analytisch zu überprüfen, um den Ist-Zustand zu erfassen, ehe man sich Gedanken über ein neues *Soll* machen kann.

Zu 1:

Da Ihre Verhandlungspartner Menschen sind, geht es um Kenntnisse über den Menschen. Denn die Gründe für strategisch falsches Vorgehen liegen in der biologischen und psychologischen Natur des Menschen begründet. Fachwissen allein genügt nicht, wenn Sie es mit Menschen zu tun haben. Wir sind eben keine Computer, keine Roboter. Wir bestehen nicht nur aus Denkvorgängen, die man mit Logik allein steuern kann!

Zu 2:

Teil II dieses Buches besteht aus einem Übungs-Zyklus, damit Sie experimentieren und probieren (sogar trainieren) können. Allerdings hat es keinen Sinn, diesen Teil anzugehen, ehe Sie unsere Grundlagen (Teil I) erarbeitet haben, weil wir in Teil II auf Teil I aufbauen werden.

Zu 3:

Es gibt einen schönen Ausspruch von KASPAR, den ich bei WATZLAWICK (47) gefunden habe. Sie könnten ihn als Motto zu diesem Buch betrachten:

> **Kühner, als das Unbekannte zu erforschen,**
> **kann es sein, das Bekannte zu bezweifeln!**

Wagen Sie es, das Bekannte zu bezweifeln? Wagen Sie es, Ihr eigenes Kommunikationsverhalten zu hinterfragen? Wagen Sie es, eine ehrliche Inventur vorzunehmen? Dann kann dieses Buch eine faszinierende »Reise« für Sie werden. Ein geistiges Abenteuer für jene, die gerne Neues entdecken. Selbst dann, wenn das Neue sich als ein neuer Aspekt an Bekanntem entpuppen sollte.

Viel Erfolg und viel ENTDECKER-FREUDE wünsche ich Ihnen!

München, Frühjahr 1979 Vera F. Birkenbihl

Vorwort zur 5. und 6. Auflage

Wenn ein Buch in eine weitere Auflage geht, fragt man sich als Autor einerseits natürlich, ob und wie stark man es überarbeiten sollte. Andererseits gibt es Reaktionen von Lesern und Benützern (z.B. Verkaufsleitern, Trainern), welche erste Aufschlüsse über den Wert des Buches, so wie es vorliegt, in der täglichen Praxis geben. Daher habe ich mich entschlossen, das Buch hauptsächlich nur auf Druckfehler und einige Kleinigkeiten hin zu überarbeiten, und somit kann die erste und die zweite Auflage auch noch parallel gebraucht werden.

Ergänzen möchte ich aber eine Andeutung zweier Konzepte, die ich derzeit für besonders wichtig halte (und die im Buch noch nicht enthalten sind):

1. Zu Kapitel 1 + 2

Als ich den Begriff des »Reptilienhirns« vor Jahren für mein Buch »Freude durch Streß« anzuwenden begann, war mir noch nicht klar, daß McLEAN, KOESTLER und andere Autoren ihn ebenfalls verwenden. Da sich jedoch zu viele deutsche Teilnehmer daran stören, wenn man auf die »Rep-Reaktionen« in der Verhandlungs-Situation hinweist, habe ich einen neuen Ausdruck geschaffen. Biologisch gilt nach wie vor die Bezeichnung das »Reptilienhirn«, aber im Bereich der Psycho-logik oder der Logik spreche ich heute vom hoRmo sapiens (statt vom homo sapiens), der dann (mit-)regiert.

2. Zu Kapitel 2

Hier finden sich erste Hinweise darauf, daß es nicht *eine* Wirklichkeit gibt, sondern *viele* individuelle. Neuere Forschungen aus der Neurophysiologie, der Psychologie der Wahrnehmung, ja sogar aus der Teilchenphysik (CAPRA, u.a.) zeigen immer deutlicher, daß es für jeden Betrachter einer Situation eine individuelle Wirklichkeit geben muß! Kommunikationstechnisch gesehen gehen wir aber noch von den alten Erkenntnissen aus, weil ein Paradigmen-Wechsel (nach KUHN) noch nicht stattgefunden hat. Deshalb versuchen wir eine Einigung herbeizuführen, oft auch zu erzwingen. Wenn dies nicht gelingt, kommt es dann allzu häufig zur Ent-Zweiung. Hier setzt mein neues Wort an: Wir sollten öfter mal eine ZWEINIGUNG anstreben. Dieses Wort entspricht der englischen Formulierung: »Let's agree to differ«, für die wir keinen deutschen Ausdruck haben. Das neue Wort »Zweinigung« (Tätigkeitswort: »sich zweinigen«) soll diese Lücke füllen.

Konkret: Der Bereich der Wirklichkeiten ZWEITER ORDNUNG (Seiten 56 ff.) ist derjenige, in dem wir eine Zweinigung immer dann anstreben sollten, wenn eine Einigung unmöglich erscheint. Statt also zu sagen: »Du siehst das falsch!« Oder: »Das gibt es nicht!« Oder: »Sie sehen das zu eng!« usw. könnten wir sagen:

»Zweinigen wir uns doch!«

Sollte dieses Wort in 20 Jahren im Duden erscheinen, dann würde es mich sehr freuen. Ich stelle nämlich bei meinen Teilnehmern immer wieder fest, daß ihnen die Zweinigung um so leichter fällt, je häufiger sie üben, das Wort auch anzuwenden. In so manchen Firmen und Familien ist es schon Bestandteil täglicher Kommunikation geworden.

Allen, die mir geschrieben haben oder die mir persönlich mitteilen, wie gut sie dieses Buch finden, danke ich von ganzem Herzen. Ich hoffe, daß es trotz der kleinen Schwächen, die es noch hat, auch weiterhin helfen möge, Verhandlungs-Situationen transparenter und das eigene Verhalten klarer zu machen.

Odelzhausen, 1990 Vera F. Birkenbihl

PS des Verlages:

Wir möchten darauf hinweisen, daß es von Frau Birkenbihl inzwischen zwei Cassettenkurse gibt, die dieses Buch sehr gut ergänzen können:

Selbst-Management
(Tonkassetten-Seminar mit 3 Tonkassetten und Skriptum)
ISBN 3-478-06372-8

Eine sinnvolle Ergänzung zu dieser Thematik sind das

Rhetorik-Training
(Kassetten-Seminar)
ISBN 3-478-06310-8

und drei Bücher, die Sie ebenfalls weiterbringen:

Fragetechnik schnell trainiert
(Seminar in Buchform)
ISBN 3-478-81161-9

Kommunikation für Könner
(Seminar in Buchform)
ISBN 3-478-81167-8

Kommunikationstraining
(Taschenbuch, 16. Auflage, 135 000 verkaufte Exemplare)
ISBN 3-478-03040-4

Teil I:

Grundlagen

Achtung:

Falls Sie das Vorwort zur 1. Auflage (Seite 13 – 28) überblättert haben sollten – es enthält die GRUNDGEDANKEN zu diesem Buch, auf denen aufgebaut wird. Also bitte **unbedingt** lesen.
Danke!

Kapitel 1

Biologische Grundlagen der Verhandlungs-Situation

Die Thematik dieses ersten Kapitels ist ein wenig heikel. Denn der Mensch, der sich (m.E. um einige Hunderttausende von Jahren zu früh) *Homo sapiens* genannt hat, legt großen (übergroßen?!) Wert darauf, anders zu sein, d.h. besser, als das Tier.

Deshalb gilt es als höchst unschicklich, auf die biologische (= tierische) Natur des Menschen hinzuweisen. Allein dieses Bemühen, »menschlicher« als die Tiere zu sein, dürfte uns bereits vom Tier abgrenzen. Ich kann mir kaum vorstellen, daß ein Affe oder ein Rebhuhn je Interesse daran hätten, besonders »tierisch« und ja nicht »menschlich« zu erscheinen. Allerdings müssen weder Affen- noch Rebhuhnkinder gewisse natürliche, angeborene Verhaltensweisen *ver-lernen*, um sich besonders affen- oder rebhuhnartig zu benehmen. Ein Menschenkind muß dies sehr wohl. Wenn es zu LUTHERs Zeiten durchaus noch üblich war, nach einer Mahlzeit zu fragen:

»*Warum rülpset und furzet Ihr nicht,*
Hat es Euch nicht geschmacket?«,

so ist heute nicht nur das Aufstoßen und das ... verboten, ja man darf diese Verhaltensweisen kaum noch *erwähnen!!!* Nur noch ein Säugling darf diese biologisch notwendigen und gesundheitserhaltenden »Pfuis« noch ausleben (wahrscheinlich weil es unmöglich ist, ihm schon klarzumachen, wie »tierisch« sein Benehmen doch eigentlich sei).

Spaß beiseite. Wir wollen uns in diesem Rahmen nicht mit den inzwischen verbotenen biologischen Funktionen auseinandersetzen, die ich in meinem Buch »Freude durch Streß« (9) auf ihre gesundheitsschädigende Wirkung hin untersucht habe. Aber wir müssen einiges von bestimmten biologischen Prozessen verstehen, wenn wir begreifen wollen, wie es dazu kommt,

1. daß der Mensch nur allzu schnell auf Kampf – oder Fluchtverhalten »umschaltet«,

2. daß der Mensch sich nur schwer auf Neues (also auch auf neue Fakten in einer Verhandlungssituation) einstellen kann,
3. daß der Mensch um so weniger klar denken kann, je mehr ihm an seinem Ziel liegt (welches er jetzt dem anderen »verkaufen« möchte),
4. daß Druck Gegendruck erzeugt,
5. daß der strategische Aufwand oft in keinem gesunden (sinnvollen) Verhältnis zum Wert des Zieles steht (z.B. wenn Eheleute stundenlang über eine Kleinigkeit streiten).

Damit hätten wir die fünf Regeln des Vorwortes zusammengefaßt, von denen eine jede bei *schlechter* Verhandlungsstrategie angewendet wird. Wenn es nicht gewisse biologische Funktionen geben würde, die uns oft »dazwischenfunken«, dann könnten wir unsere Verhandlungsprobleme mit Logik alleine lösen. Aber so einfach ist es nicht.

1.1. Das Denk-Hirn denkt – das Reptil in uns lenkt

Es ist eine Tatsache, vor der wir am liebsten die Augen schließen würden, aber es wohnen wirklich zwei völlig verschiedene »Seelen« in uns, wie GOETHE schon feststellte. Oder, um mit Emile ZOLA zu sprechen: Es gibt eben noch immer das »Biest« in uns (la bête humaine). Je mehr wir darüber wissen, desto eher können wir es (teilweise) bändigen; desto mehr Kontrolle können wir über uns und über andere erhalten; desto eher wird es uns gelingen, die fünf Regeln (S. 13 ff) mehr und mehr außer Kraft zu setzen.

Sie werden vielleicht bemerkt haben, daß ich GOETHEs berühmten Ausspruch verändert habe. Denn in einem Punkt irrte der Weise, nämlich als er sagte: »Zwei Seelen wohnen, ach, in meiner Brust«.

Biologisch eher akurat müßte es heißen: »Zwei Seelen wohnen, ach, in meinem Kopf.« Wieso? Weil sich das »Reptil« in uns in unserem Kopfe befindet. Es ist ein Teil unseres Gehirns. Aber nur *ein* Teil unseres Gehirns, denn ein anderer Teil desselben Organs beinhaltet u.a. all jene Fähigkeiten, die der Mensch als besonders »menschlich« empfindet und auf die er, zu Recht, so stolz ist. Trotzdem aber wohnt in unserem Kopf nach wie vor das Reptil:

Wenn wir »Gehirn« sagen, so ist dieser Begriff ein Misnomer[1].

[1] Misnomer = unzutreffender Ausdruck, der jedoch allgemein benützt wird.

Genaugenommen wäre es viel richtiger, von »Kopforganen« zu sprechen, denn diese einzelnen »Organe« des Gehirns sind untereinander genauso unterschiedlich wie z.B. das Herz und die Leber.

Natürlich sind sie zusammengewachsen und untereinander verbunden, aber auch die inneren Organe sind miteinander verbunden. Trotzdem wissen wir, daß das Herz nicht verdauen und die Niere nicht unser Blut pumpen kann.

So betrachtet kann man das Gehirn in einzelne Organe unterteilen. Wäre dies ein biologischer Text, dann müßten wir uns jetzt mit mindestens fünf Abteilungen des Gehirns auseinandersetzen, aber wir wollen ein einfaches Denk-Modell erstellen, um uns schnell einen Überblick zu verschaffen. Grob unterteilt kann man von den alten und den neuen Gehirnteilen (auch Alt- und Neuhirn genannt) sprechen. Die alten Teile, die wir als Reptilien-Gehirn bezeichnen wollen[1], schätzt man auf ca. 450 Millionen Jahre. (Plus oder minus einige hunderttausend.) Dieses Rep. unterscheidet sich in der Funktion durch absolut nichts von dem Gehirn eines Reptils. Übrigens ist diese Gehirnmasse weiß, im Gegensatz zum Großteil des Neuhirns (gemeint ist jetzt die Großhirnrinde, auch Kortex genannt), in dem sich die berühmten »grauen Zellen« befinden, auf die Agatha CHRISTIEs Hercule Poirot sich so viel einbildet. Dieser Gehirnteil wird auf ca. eineinhalb Millionen Jahre geschätzt. Evolutionsgeschichtlich gesprochen befindet sich der Homo sapiens noch in den ersten Minuten seines Daseins. *Wenn Sie sich die bisherige Erdgeschichte in ein Jahr gepreßt vorstellen würden, dann ist der Dinosaurier am 24. Dezember erschienen und am 28. Dezember wieder verschwunden. Der Mensch selbst taucht erst am 31. Dezember nach 21 Uhr abends auf und hat um eine Minute vor Mitternacht gerade erst den Ackerbau erfunden! (nach Carl SAGAN)*

Kann es da verwundern, wenn unser Reptiliengehirn *im Zweifelsfall* das stärkere ist, so daß unsere »Tier-Seele« öfter die Überhand gewinnt, als uns vielleicht lieb ist?

Was heißt »im Zweifelsfall?« Wann greift das Rep. in unser Verhalten ein? Wann stört das Rep. unser so junges, neues *Denk-Hirn* in seiner so »menschlichen« Tätigkeit?

Antwort: Immer dann, wenn die Bedürfnisse des Rep. gefährdet werden, zieht das Rep. unsere Energien zusammen, um diesem Mißstand mit

---

[1] Reptilien-Gehirn wird im folgenden mit Rep. abgekürzt.

aller Kraft entgegenzutreten. Wir könnten auch sagen: Das Rep. ist wahrscheinlich das egoistischste Stück lebendes Zellmaterial in unserem Sonnensystem. (Aber: das Denk-Hirn ist wahrscheinlich das einzige Stück lebendes Zellmaterial im Universum, das über sich selbst nachdenken und sich selbst empirisch untersuchen kann!)

Wenn also das Rep. merkt, daß seine Bedürfnisse gefährdet werden, beginnt es »dazwischenzufunken«. Es schaltet auf »Alarm« um und löst einen Mechanismus aus, den man BIONs Prozesse bzw. Kampf- oder Flucht-Verhalten nennt. Wir sagten oben: »Wenn das Rep. merkt...«. Nun fragen Sie vielleicht: Wie kann das Rep. etwas »merken«, wenn doch die Denkfunktionen im Denk-Hirn lokalisiert sind?

Antwort: Jegliche Gefährdung der Bedürfnisse des Reps. lösen Unlust-Gefühle aus. *Je stärker die Unlustgefühle, desto stärker sind die Alarmreaktionen vom Rep.,* desto ausgeprägter wird unser Kampf- oder Fluchtverhalten.

Angenommen, Sie stoßen mit dem großen Zeh an einen spitzen Stein. Sofort empfinden Sie starke Unlustgefühle (in diesem Fall: Schmerz). Sofort wird Ihr Denk-Hirn blockiert, weil das Rep. die Kontrolle an sich gerissen hat. Nicht ihr Denk-Hirn, sondern Ihr Rep. hat sie veranlaßt, sofort einen Sprung weg von dem Stein zu machen. Denn bei Schmerz reagieren alle Organismen zunächst mit Flucht (Ausnahmen bestätigen nur die Regel). Noch ein Beispiel:

Herr Huber hat Besuch. Sein Freund Michael ist gekommen. Frau Huber hat den beiden Herren freundlicherweise einen Kaffee gekocht und ist dann weggefahren, um die Tochter vom Schlittschuhlaufen abzuholen. Angeregt unterhalten sich die Freunde. Bis der Kaffee kommt, sind sie schon »mittendrin«. Nun merkt Herr Huber, während er Michael engagiert etwas erklärt, daß kein Zucker auf dem Tisch steht. Er will nicht unterbrechen (er hat ja das Ziel, Michael eine gute Erklärung zu geben). Also winkt er seinem Freund und geht, während er weiterspricht, in die Küche. Michael begleitet ihn und lehnt sich gegen eine Küchenwand, während Herr Huber nach dem Zucker greifen will, der auf dem Regal steht, ohne seine Erklärung zu unterbrechen. Er will sich aufstützen und faßt dabei auf eine Herdplatte, die aber noch heiß ist. Sofort empfindet er heftige Unlustgefühle, die sein Denkhirn zunächst »total« blockieren. Er schreit auf, gleichzeitig die Hand wegziehend (Fluchtverhalten) und schüttelt jetzt die Hand vor Michaels Nase in der Luft (um die Haut abzukühlen, eine Reflexhandlung, ausgelöst vom Rep.). Einen

Moment später löst sich die »totale« Denkblockade teilweise auf: Er schreit einige höchst unfreundliche Sätze, Ehefrauen und vergessenen Zucker betreffend, bis er sich langsam beruhigt. Nun kann sein Denkhirn über eine Strategie zum Abbau des Unlustgefühls nachdenken. Soll er nun Mehl draufstreuen, wie man es in seiner Kindheit tat? Oder sollte er die »neue« Theorie ausprobieren und Eiswürfel auflegen?

Aus diesem Fallbeispiel sehen wir:

1. Ein *Ziel des Denk-Hirns* (Michael eine gute Erklärung zu geben) *wird im Zweifelsfalle sofort geopfert,* wenn das Rep. sein eigenes Ziel hat (Unlustgefühle zu vermeiden durch Kampf- oder Fluchtverhalten).
2. Die erste Reaktion bei *akuter Gefahr* für Gesundheit und/oder Wohlbefinden löst eine »totale« *Denkblockade* aus. Das Rep. handelt jetzt selbständig. Wir nennen solche Reaktionen oft »instinktiv«, »automatisch«, »unbewußt« u.ä.
3. Wiewohl wir von einer Kampf- *oder* Flucht-Reaktion sprechen, können auch oft beide Verhaltensweisen hintereinander (oder miteinander) auftreten, z.B. wenn jemand einer Gesprächssituation, welche Unlust auslöst, entflieht, dabei aber die Tür laut und aggressiv zuknallt (Kampf).
4. Wenn jemand schimpft, tobt oder herumschreit, dabei jedoch Worte und Sätze von sich gibt, dann ist das Denk-Hirn bereits teilweise wieder aktiv. Denn bestimmte typisch »menschliche« Verhaltensweisen, wie die Sprache, gehen immer mit Denkhirn-Aktivitäten einher.
5. Wiewohl das Denk-Hirn beim Prozeß des Herumschreiens *mit*beteiligt gewesen war, befand sich Herr Huber nicht ausschließlich im analytischen Bereich, sonst hätte er ja gemerkt, daß es keinen Sinn hat, die nicht-anwesende Ehefrau zu beschimpfen. (Wenn der Mensch nur halb so rational wäre, wie er gerne glaubt, würden 80 % aller irrationalen Handlungen nicht zustandekommen!)

Wir hatten gesagt, daß das Rep. immer dann »eingreift«, wenn seine Bedürfnisse gefährdet seien. Was sind denn dann diese Bedürfnisse?

Diese Frage ist nicht leicht zu beantworten, und zwar aus zwei Gründen:

1. Das Rep. ist in erster Linie für die Absicherung des Überlebens, der Gesundheit und des Wohlbefindens zuständig. Da aber der Mensch nicht nur ein Rep., sondern auch ein Denk-Hirn hat, kann sein Wohlbefinden durchaus von Dingen abhängen, die mit dem Überleben

nichts zu tun haben. Diese typisch »menschlichen« Bedürfnisse werden aber ebenfalls vom Rep. mit-geschützt.

2. Diese typisch »menschlichen« Bedürfnisse wurden zum größten Teil von Psychologen erarbeitet. Die Psychologie ist aber eben keine exakte Wissenschaft, so daß gerade hier der Streit verschiedener psychologischer Schulen recht laut ist. Inwieweit die Informationen der einen oder anderen Gruppe letztlich »besser« sind, ist m.E. noch nicht abzusehen.

Deshalb werden wir uns die Bedürfnisse hier nur insoweit ansehen, wie sie zum Versäumnis unseres Themas (Verhandlungsstrategie) von Nutzen sind. Ich stütze mich dabei überwiegend auf die Arbeiten von CAMPBELL (13), VESTER (42), SPITZ (37), und MONOD (30) für den physiologischen (biologischen) Bereich und BERNE (2), MASLOW (29) und WATZLAWICK (46 – 49) für den psychologischen Bereich. (Was die Reptiliengehirn-Reaktionen angeht, werden wir psychologische Bedürfnisse hier mit eingliedern. Ansonsten findet die Besprechung psychologischer Mechanismen erst im zweiten Kapitel statt.)

Um es gleich vorwegzunehmen: Das Rep. hat nur eine einzige (Doppel-) Funktion: Es will

Lust suchen und Unlust vermeiden.

Hoffentlich empfinden Sie jetzt keine Unlust, wenn Sie den Gedanken lesen. Manche Menschen mögen es nicht, wenn man behauptet, alles tierische Leben sei mit diesem Bestreben ausgestattet. Andere wiederum können sehr wohl akzeptieren, daß jeder Organismus danach trachtet, Unlust (z.B. Schmerz) zu vermeiden, wollen aber die Suche nach Lust ablehnen. Hierzu sei gesagt: Wenn ein Physiologe oder ein Psychologe »Lust« sagt, meint er damit: »Befriedigung vitaler Bedürfnisse«. So daß die »Lust« im landläufigen Sinne zwar *ein*, aber eben nur ein (kleiner) Aspekt dessen ist, was wir unter »Lust« in diesem Rahmen verstehen.

Wenn wir diesen Gedanken (zumindest als Hypothese) akzeptieren, müssen wir uns fragen: Was wird Unlust bzw. Lust auslösen? Dazu können wir pauschal sagen:

Lust = Befriedigung vitaler Bedürfnisse
Unlust = Nicht-Befriedigung dieser Bedürfnisse

Daher lautet jetzt die nächste Frage: Was sind »vitale« Bedürfnisse? Wir werden grundsätzlich von MASLOWs Hierarchie der menschlichen Bedürfnisse ausgehen, wiewohl wir zusätzliche Informationen anderer Wissenschaftler mit einbeziehen werden, wie oben angedeutet.

MASLOW geht davon aus, daß man alle Bedürfnisse in fünf Stufen gliedern kann. (Zwar gibt es auch andere Denk-Modelle, aber ich finde MASLOWs Modell gerade für unser Thema ausgezeichnet, weil es die meisten Fragen beantwortet, die wir uns noch stellen werden.)

Wir verwenden als bildliche Darstellung den Bedürfnis-Turm (29):

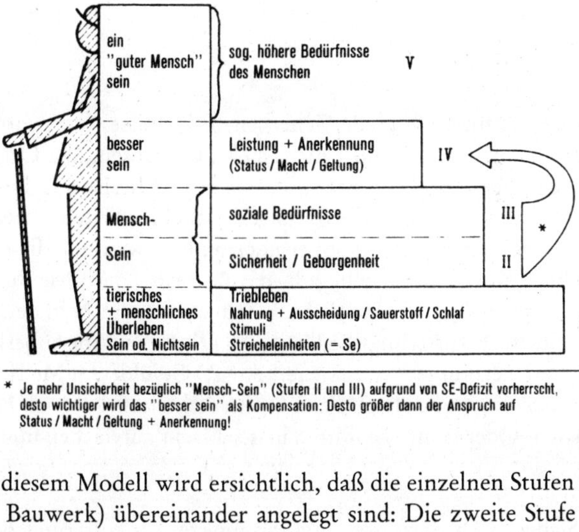

* Je mehr Unsicherheit bezüglich "Mensch-Sein" (Stufen II und III) aufgrund von SE-Defizit vorherrscht, desto wichtiger wird das "besser sein" als Kompensation: Desto größer dann der Anspruch auf Status / Macht / Geltung + Anerkennung!

In diesem Modell wird ersichtlich, daß die einzelnen Stufen (wie in einem Bauwerk) übereinander angelegt sind: Die zweite Stufe kann nur auf das Fundament der ersten gelegt werden, die dritte Stufe nur gebaut werden, wenn die zweite *vorhanden ist, usw.*

1.2. Die Bedürfnisse des Menschen

I. Die erste und unterste Stufe umfaßt die Grund- oder Basisbedürfnisse, die das »nackte Überleben« absichern. Hier geht es also um Sein oder Nicht-Sein an sich. Dazu gehört das gesamte Triebleben, z.B. Atmung, Stoffwechsel usw. Allerdings gehören in diese erste Stufe, wie andere Autoren gezeigt haben, auch Bedürfnisse, die wir im allgemeinen nicht bewußt registrieren. So zum Beispiel das Bedürfnis nach Hautkontakt, nach Berührung, nach Streicheleinheiten (SE). Ein Säugling, der gewickelt und gefüttert wird, der die notwendige Temperatur und Ruhe zum Schlafen hat, wird sterben, wenn er völlig auf Körperkontakt verzichten muß. Ein Mensch oder Tier mit zuwenig SE wird gewisse Krankheitssymptome zeigen, so zum Beispiel Kinder, die sich ständig hin- und herwiegen, die den Kopf an die Wand schlagen (sog. Headbangers), so daß sie immer einen Schutzhelm tragen müssen. Dieses SE-Defizit nennt man »Hospitalismus«, weil er, wie SPITZ (37) u.a. gezeigt haben, früher überwiegend in Hospitälern und Findelheimen auftrat, wo das Personal nicht die Zeit hatte, sich den Kindern mehr als höchstens oberflächlich zuzuwenden.

II. Die zweite Stufe umfaßt alle Sicherheitsbedürfnisse. Jetzt wird das Sein bereits qualifiziert. Es genügt nicht mehr, nur zu sein, der Organismus will auch *sicher sein.* Die ersten Gefühle von Sicherheit/Geborgenheit erhält der Säugling durch die SE, die Streichel-Einheiten der ersten Bezugsperson(en). Aber später wird er noch andere, weit qualifiziertere Sicherheitsbedürnfisse entwickeln, z.B. das Bedürfnis der Orientierung (36). Wenn man weiß, wo man sich in Zeit und Raum befindet, fällt es schwer, dieses Orientierungs-Bedürfnis zu erkennen. Aber überlegen Sie einmal, welche akuten Unlust- (hier: Angst)-Gefühle ein Mensch erleben kann, der sich verirrt hat? Wenn Sie im dichten Nebel nach Hause fahren müssen? Oder wenn Sie mitten in der Nacht aufwachen und Ihre Uhr steht?

Zu den Sicherheitsbedürfnissen, die mit unserer Orientierung zu tun haben, gehören auch:

1. *Das Wissenwollen, wer man ist.* Man möchte sich einstufen können im Vergleich zu anderen. Man möchte sich als selbst-ständiges Individuum fühlen (nicht als anonyme Ziffer in einer großen Menge).
2. *Das Wissenwollen, wie man sich verhalten darf, soll, muß.* Jeder, der schon im fernen Ausland war, wo unsere Sitten und Gebräuche nicht galten, kennt die akuten Distreß-(= Unlust)Gefühle. Man fühlt sich verloren und verunsichert. TOFFLER (41) zeigte, daß dieser »Kulturschock« in einer sich zu schnell verändernden Welt wie der unseren zum »Zukunftsschock« wird.

3. *Das Wissenwollen, was man weiß.* Wenn man einmal mühselig gelernt hat, daß alle Materie aus Masse besteht und daß Masse aus kleinen und kleinsten Partikeln besteht, dann kann man einfach nicht akzeptieren, daß diese kleinsten »Teilchen« gar keine »Masse« mehr sind, sondern Energie. So versteht man, wieso die »vorherige« Generation von Wissenschaftlern Neuem gegenüber so verschlossen scheint. EINSTEIN hat einmal gesagt: »Welch ein Glück, daß ich so jung war, als ich die Relativitätstheorie erarbeitete. Ich selbst hätte sie 10 Jahre später nicht mehr akzeptieren können.« Dann verwundert es auch nicht, daß gerade auf den Gebieten der Chemie und der Physik die bahnbrechendsten Wissenschaftler ihre größten Entdeckungen meist vor dem Alter von 30 Jahren gemacht haben. Je mehr man gelernt hat und nun zu leisten vermeint, desto rascher scheint die eigene »gewandte Sicherheit« gefährdet, desto weniger möchte man sie aufgeben. So versteht man auch manche »Rechthaberei« im Alltag. Denn es gefährdet unser Sicherheits-Bedürfnis, wenn der andere recht hat und wenn ich nicht mehr sicher sein kann, daß das, was ich weiß, auch stimmt!
4. *Das Absichernwollen der Zukunft.* Aus diesem Bedürfnis heraus ist man sparsam. Man baut sich ein Haus, wenn man kann. Man kauft eine Eigentumswohnung (oder gar mehrere!) oder eine Lebensversicherung. Zu dieser Stufe gehören auch: Rentabilität einer Anschaffung sowie Reparaturanfälligkeit.

III. Die dritte Stufe beschreibt unsere sozialen Bedürfnisse. Der Mensch ist ein Zoon politikon (=geselliges Wesen). Also braucht er Gruppen, denen er sich zugehörig fühlen kann. Früher war dies die Familie, der Klan, die Sippe. Heute ist es die Familie, der Freundes- und/oder Kollegenkreis, ein Club, ein Verein. Manchmal auch »meine« Firma, allerdings weit seltener, als dies der Fall sein könnte. Dies liegt an mangelnder Motivations-Fähigkeit vieler Chefs.

Zu den sozialen Bedürfnissen gehören auch:

1. *Das Bedürfnis nach Kommunikation.* Bei alten Menschen oder Alleinstehenden kann man leider nur zu gut beobachten, wie ein Mensch darunter leidet, sich nicht mit anderen unterhalten zu können. Nur, das Traurige an all diesen Bedürfnissen ist ja, daß der Mensch nicht

schätzt, was er hat. Erst das Defizit wird ihm schmerzlich (d.h. Unlustgefühl-auslösend) bewußt.

2. *Das Bedürfnis, gewissen exklusiven Gruppen angehören zu dürfen.* Und damit verbunden ist das Bedürfnis zu sagen: »Wir sind besser als ihr.« (Über diesen Punkt herrscht Streitigkeit unter den Fachleuten, aber m.E. kann man dieses Bedürfnis zu oft beobachten, als daß man es einfach hinwegleugnen könnte!)
3. *Das Bedürfnis, Geborgenheit in Gruppen zu finden* sowie angenehme Gruppen-Aktivität auszuführen. Wahrscheinlich unterliegen den meisten Laiensport-, Musik- und ähnlichen Gruppen Bedürfnisse dieser dritten Stufe. (Ausgenommen sind rein leistungsbezogene Gruppen, s. Stufe IV.)

Bis zur dritten Stufe hat es ein jedes Volk gebracht, das mindestens das Niveau einer Steinzeitkultur erreicht hat. Bis zur dritten Stufe hat man lediglich abgeklärt, daß man überlebt und dabei ein *wenig* Freude finden kann. Bis zu dieser Stufe hat sich noch keine »Kultur« oder »Zivilisation« in unserem Sinn entwickelt.

Aber der Mensch hat sich ja »weiter«-entwickelt. Er ist ja zum Homo sapiens geworden. Er bemüht sich ja um Fortschritt. Er will mehr, als nur im Kreise seiner Lieben sitzen. Dieses »mehr« ist zum größten Teil in der nächsten Stufe lokalisiert.

IV. Diese vierte Stufe beschreibt unsere Bedürfnisse nach Anerkennung, Status, Macht und Geltung.

Wenn sie einmal eine Liste von zehn beliebten Zielen aufstellen würden, die Sie in den letzten Jahren verfolgt haben, dann würden sie feststellen, daß fast alle mit Anerkennung oder Status/Macht zu tun hatten. Denn der Mensch unserer Regionen hat im allgemeinen die Stufe I sehr gut abgedeckt, während er gleichzeitig ein Defizit auf den Stufen II und III mit sich herum»schleppt«. Dieses Defizit veranlaßt ihn, sich überstark in der vierten Stufe zu engagieren. Er ist nicht damit zufrieden, eine gewisse Leistung zu erbringen, die ihm Anerkennung einbringt. Nein. Er muß auch Status-Symbole besitzen, um diesen Mangel an innerer Sicherheit etwas auszugleichen. Deshalb spricht MASLOW auch von einer »Kompensation« auf der vierten Stufe.

Hier sind wir beim Selbstwertgefühl (SWG) des Menschen angelangt. Ein Mensch, der das Gefühl hat, er sei »genug« wert, wird nicht bereit sein, große Anstrengungen auf sich zu nehmen, um in den Augen anderer noch »wert-voller« zu erscheinen. Er wird kein Angeberverhalten aufweisen (weil der, der angibt, es wirklich nötig hat)! Er wird sich nicht mit anderen um gewisse Positionen streiten, die ihm mehr Status bringen. Er wird nicht beleidigt sein (Unlustgefühle empfinden), wenn ein Kollege einen Firmenparkplatz zugeteilt bekommt und er nicht. (Er überlegt sich vielmehr, daß die drei Minuten von den allgemeinen Parkplätzen auf dem Firmengelände ihm vielleicht gesundheitlich gut tun.) Ein Mensch, dessen SWG nicht leidet, der also keine Unlustgeühle empfindet, weil er sich »klein«, »unfähig«, »ungeachtet« vorkommt, wird Sie nicht daran erinnern, daß er einen Doktor-Titel hat, wenn Sie es nicht wußten oder vergaßen, ihn mit demselben anzusprechen. Ein solcher Mensch wird bereit sein, gewisse Leistungen zu erbringen, aber nicht mehr als sinnvoll. Er wird weder die Flucht in den Alkohol ergreifen, noch in die Arbeit fliehen. Er wird weder 70 Stunden die Woche arbeiten[1], nur um anderen zu zeigen, was für ein toller Kerl er doch ist, noch wird er versuchen, andere seinen Teil Arbeit machen zu lassen.

Zusammengefaßt kann man sagen: Je sicherer ein Mensch in bezug auf sein SWG ist, desto weniger wird er dazu neigen, die Bedürfnisse der vierten Stufe übertrieben stark befriedigen zu müssen, um sich o.k. zu fühlen (HARRIS 21). So ein Mensch wird dann in der Lage sein, sich für die Bedürfnisse der fünften Stufe zu interessieren. Je mehr ein Mensch aber darum kämpft, Anerkennungs-Bedürfnisse abzudecken, desto öfter wird sich sein Rep. einschalten. Denn: Jedesmal wenn dieser Defizit-Mensch sich (momentan) verunsichert fühlt, wird er mit Kampf- oder Fluchtverhalten reagieren. Da diese Unlustgefühle jedoch nicht so akut sind, wie diejenigen, die sich ergeben, wenn wir uns die Hand am heißen Herd verbrennen, kommt es zu einer teilweisen Denkblockade. So ein Mensch hat einige Charakteristika:

1. *Er schreit oft,* (Schreien gehört zu den Kampf-Signalen: mit Lautstärke versucht man, den Feind einzuschüchtern), wenn er eher zu Kampfverhalten neigt. Er kann aber auch ein Flucht-Typ sein, der im Zweifelsfalle sofort zu Fluchtverhalten übergeht. Wir werden an späterer

[1] Diesen Menschentyp beschrieb Wilhelm Busch wie folgt:
Ohne ihn war nichts zu machen. *Keine Stunde* hatt' er frei!
Gestern, als sie ihn begruben, war er, richtig, auch dabei!

Stelle noch direkte und indirekte Kampf- und Flucht-Mechanismen analysieren.

2. *Er ist oft un-be-dacht.* Kein Wunder, wenn das Rep. ihm so oft wertvolle Energien von der Denk-Arbeit abzieht!
3. *Er fällt oft auf.* Entweder im positiven Sinn durch phänomenale Leistungen, die ihm positive Anerkennung einbringen. Oder aber im negativen Sinn, indem er häufig den Zorn der Umwelt auf sich zieht. Denn: Negative Aufmerksamkeit ist eine bessere Anerkennung als gar keine! (Wer sich für die hochinteressanten psychologischen Spiele interessiert, die solche Defizit-Menschen oft ihr Leben lang spielen, sei auf BERNEs Buch: »Spiele der Erwachsenen« (3) verwiesen.)
4. *Er hat Schwierigkeiten, die Wirklichkeit wahrzunehmen.* Zwar kann kein Mensch »völlig objektiv« sein, aber Defizit-Menschen sind ganz besonders subjektiv: Sie beziehen (fast) alles auf sich, selbst Bemerkungen, die gar nicht auf sie gemünzt waren! Sie entscheiden Probleme ich-bezogen (nach dem Motto: Wie wirke ich, wenn ich so oder so entscheide!) statt problem-bezogen zu denken (Welche Entscheidung ist für die Situation optimal?). Weiterhin neigen sie dazu, sich grundlos angegriffen zu fühlen. Auf die Frage: »Wie spät ist es eigentlich?« reagieren sie z.B. mit einem »Ja, ja, ich komme schon!!!« u.ä. (s. auch Kap. 3, sowie Anhang: Einführung in die Transaktionale Analyse).
5. *Er wird sein Anerkennungs-Defizit oft durch den Drang, Macht ausüben zu wollen, kompensieren.* Nun üben wir alle bis zu einem gewissen Grade Macht aus; besonders interessant ist die Variante »Moralischer Druck durch Krankheit«. Solche Strategeme[1] werden oft ironischerweise noch mit Worten wie den folgenden begleitet: »Kümmere dich nicht um meine Kopfschmerzen, geh du ruhig zu der Party und amüsiere dich!« Man manipuliert wo möglich. Man versucht vielleicht sogar auf eine höchst subtile Art, Macht auszuüben, z.B., indem man unter »Anfällen« leidet und die Umwelt so zwingt, auf einen Rücksicht zu nehmen. Geht jetzt der andere, so hat er vielleicht Schuldgefühle. (Schuldgefühle im anderen auszulösen ist eine relativ subtile Art, Macht auszuüben.) Geht der andere jetzt nicht zu der Party, so hat man ihn ebenfalls manipuliert. (Wen dieses Thema interessiert, der sei auf CHAPMAN (18) und auf WATZLAWICK (47) verwiesen, sowie auch

[1] Einzelne Schritte einer Strategie = je ein Strategem (Plural: Strategeme).

auf die bahnbrechenden Arbeiten von BATESON (1), der für solche Situationen den Begriff des »doublebind« (Doppelbindung) erfand. Er erklärte diesen Begriff mit den Worten: »Damned if you do, damned if you don't. Can't win!« (Ob du es tust oder nicht, du bist immer im Unrecht. Du kannst nicht gewinnen! Im Deutschen spricht man von einer Beziehungsfalle.)

6. *Er ist sehr empfindlich.* Er ist leicht beleidigt, schnell verletzt. Mit ihm scheinen fast alle Gespräche zu Siegen oder Niederlagen zu werden. Oft zeichnet er sich auch durch typische Verlierer-Bemerkungen (BERNE) aus wie: »Nie glaubt man mir!« Oder: »Immer bin ich schuld!« Oder: »Ihr wollt mich immer ärgern!« u.ä.

Beim Schreiben dieses Abschnittes habe ich eine interessante Erfahrung gemacht: Ich habe diesen Abschnitt mindestens viermal geschrieben, weil ich die Diskussion der vierten Stufe verkürzen wollte. Wenn man aber bedenkt, daß gerade diese vierte Stufe ganze Säle von Bibliotheken füllt, und wenn man weiter bedenkt, daß die vierte Stufe so furchtbar wichtig für so viele Menschen ist, dann verwundert es sicher nicht, wenn die Information darüber etwas mehr Platz einnimmt. Man könnte fast eine Faustregel aufstellen: »Je ›zivilisierter‹ eine Nation, desto stärker wird die vierte Stufe kompensatorisch eingesetzt.« Wobei noch nicht klar ist, wo die Ursachen und die Wirkung genau liegen. Aber als Korrelation trifft diese überspitzte Formulierung m.E. den Kern der Sache.

V. Die fünfte Stufe ist sehr »dünn besiedelt«. Wenn man die Entwicklung des Menschen betrachtet, dann könnte man sagen, daß die fünfte Stufe die neueste und die letzte ist. Sie besteht sozusagen ausschließlich aus Denk-Hirn-Bedürfnissen[1]. Ein Mensch, der sich intensiv der fünften Stufe zuwendet, deckt sich in seiner Beschreibung sowohl mit BERNEs (2) Beschreibung des »Winners«, als auch mit MASLOWs (29) Beschreibung der selbstaktualisierenden Menschen. Im Deutschen sprechen wir von der Selbstverwirklichung, wobei viele Leute unter Selbstverwirklichung die Realisierung der Anerkennungs-Bedürfnisse verstehen. MASLOW

[1] Wenn Sie an unser Beispiel zurückdenken, in dem wir die gesamte Erdgeschichte in ein Jahr gepreßt hatten (S. 35), dann könnten wir hier sagen: Die fünfte Stufe begann erst vor ca. 50 Sekunden.

aber meint damit die »höheren« Bedürfnisse. In der fünften Stufe erbringt man eine Leistung, *weil sie Freude macht*, unabhängig davon, ob andere sie gut oder sinnvoll finden, unabhängig davon, ob andere sie mit Geld bezahlen. In der fünften Stufe wendet man sich gewissen Interessen zu, *weil sie Freude machen*. Man beschäftigt sich vielleicht mit Musik, Kunst, Philosophie, Literatur, etc., *weil es Freude macht*. Nun ist es für einen Beobachter meist nicht möglich, festzustellen, ob ein anderer von Bedürfnissen der vierten oder der fünften Stufe motiviert wird. Vielleicht schreibe ich dieses Buch, um Ihnen zu helfen und weil es *Freude macht*. Vielleicht aber will ich Ihnen auch nur imponieren? Ein Beobachter sollte vorsichtig sein, wenn er hier eine Analyse vornehmen will.

Was für das Schreiben des Buches gilt, gilt natürlich auch für Ihre Motive beim Lesen. Wenn Sie es lesen, um Ihre Verhandlungserfolge zu verbessern, *weil es Ihnen Freude machen würde, besser zu kommunizieren*, dann wäre dieser Wunsch wohl der fünften Stufe zuzuordnen. Dann würden Sie auch Entdeckerfreude und Faszination empfinden können, wenn Ihnen Interessantes begegnet. Lesen Sie es, weil Sie meinen, mit einer besseren Strategie irgendwelchen Leuten besser zu gefallen, dann wäre Ihr Motiv in der vierten Stufe zu suchen. Wobei hier ausdrücklich gesagt werden soll: *Unsere Einteilung ist keine Wertung*. Nur eine Beschreibung. Bitte verfallen Sie nicht in den Denkfehler zu meinen, die fünfte Stufe sei die »bessere«. Dieser Gedanke entspränge nämlich dem vierte-Stufe-Denken!

Wir hatten die Bedürfnis-Hierarchie besprochen, um zwei Ziele zu erreichen:

1. Ein Verständnis für die Rep. Reaktionen (s. unten).
2. Ein Verständnis für die Bedürfnisse ist für die Motivation unerläßlich. Weil wir nämlich die Bedürfnisse des Partners als »Hebel« ansetzen können (s. Kap. 4).

Zu den Rep.-Reaktionen können wir abschließend sagen: Wann immer wir Unlust empfinden, schaltet sich das Rep. mit Kampf- oder Fluchtverhalten ein. Allerdings: Wann immer wir akute Lustgefühle empfinden, schaltet es sich ebenfalls ein. Deswegen sind wir bei Panik genauso sprachlos (weil die Denkblockade das Sprechen verhindert) wie in der Ekstase. Bei starker Wut sind wir »sprachlos vor Zorn« und bei starker Freude sind wir »sprachlos vor Freude«. Bei Angst und Unsicherheit geht unsere Fähigkeit, klar und analytisch zu denken, proportional zur

Angst verloren. Bei freudigen Gefühlen ist es ähnlich, nur registrieren wir es hier anders: Da das Rep. bei Freude mit-aktiv wird, aber *nicht* auf Kampf- oder Flucht umschaltet, können wir nach positiven Gefühlen um so eher wieder zum analytischen Denken übergehen, je weniger extrem diese Freude war. Familienmitglieder, die sich nach jahrelangem Suchen und Bangen in den Nachkriegsjahren endlich wieder in Armen hielten, waren weit länger unfähig, klar zu denken, als eine Person, die gerade ein nettes Geschenk erhalten hat.

Wir können also sagen, daß der Mensch aus drei Bereichen »heraus« reagieren kann: dem der positiven Gefühle, dem der negativen Gefühle und dem Bereich des analytischen Denkens.

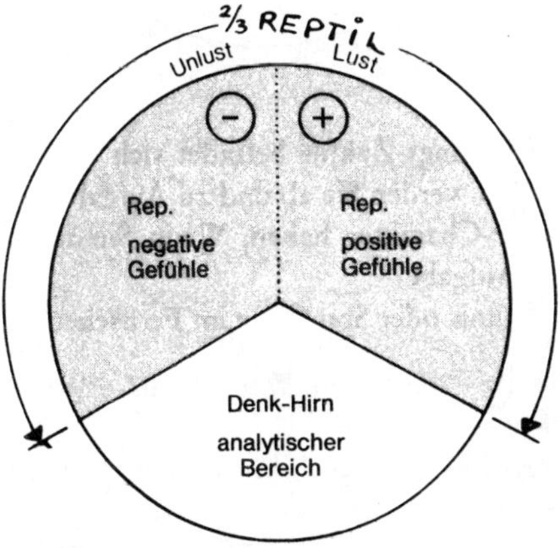

Bio-logisch gesehen gehören zwei Drittel unseres Reaktions- und Verhaltens-Spektrums in den Gefühlsbereich.

Psycho-logisch gesehen haben wir es jedoch nur mit einem Drittel, nämlich dem der negativen (Unlust)-Gefühle, im Gespräch mit anderen zu tun. Diesen Bereich nennen wir den Krisenbereich. Ihn gilt es zu vermeiden, da mit dem Krisenbereich immer Kampf- und/oder Fluchtreaktionen des Rep. einhergehen!

Deshalb wollen wir uns jetzt den Mechanismen und Prozessen zuwenden, die für uns psycho-logisch wichtig sind, wenn wir erfolgreich verhandeln wollen.

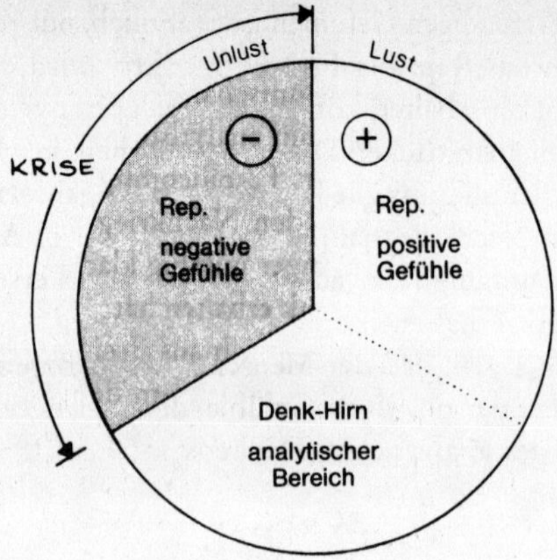

1.3. Inventur-Übung Nr. 1

Der eigentliche Übungs-Zyklus befindet sich zwar in Teil II dieses Buches, aber in Teil I werden Sie ab und zu Aufgabenstellungen finden, die reinen *Inventur*-Charakter haben. Wenn sie aktiv lernen wollen, hier ist eine solche Aufgabe.

Sehen Sie sich Krimis oder Spielfilme im Fernsehen an und achten Sie auf folgendes:

1. Welche direkten Flucht- oder Kampfmanöver können Sie auf Anhieb erkennen?
2. Welche indirekten Flucht- und Kampfmanöver können Sie bereits identifizieren?
3. Welche Bedürfnisse glauben Sie, motivieren die dargestellte Person zu diesen Flucht- oder Kampfmechanismen? Können Sie diese der MASLOW'schen Hierarchie (den fünf Stufen) zuordnen?
4. Wenn Sie glauben, schon ein recht gutes Gehör und Gespür erarbeitet zu haben, dann beobachten Sie Interviews mit Politikern oder Bundestagsdebatten mit derselben Zielstellung. Achtung: Falls Sie sehr idealistische Vorstellungen von Politikern haben, könnten Sie erschreckt werden!

Kapitel 2

Biologie und Psychologie in der Verhandlungs-Situation

Im ersten Kapitel haben wir gesehen, wie sehr sog. »psychologische« Probleme von unserer biologischen Natur (vom Rep.) beeinflußt werden. In diesem Kapitel wollen wir sehen, was unsere »Tier«-Natur u.a. mit folgenden Faktoren zu tun hat:

- Wahrnehmung der Wirklichkeit
- Mißverständnisse
- Angst vor Neuem
- Toleranz
- Ethik

2.1. Das Denk-Hirn denkt – der Hormonhaushalt lenkt

Zunächst hatten wir gesagt, das Rep. »lenke« viele unserer Aktionen. Da jedoch das Rep. unseren Hormonhaushalt beeinflußt, könnten wir genausogut sagen, die Hormone lenken unser Verhalten mit. Wieso?

Sie wissen, daß starke Unlustgefühle nicht sofort wieder abgebaut werden können. Wenn man »eine Wut im Bauch« hat, dann leidet man oft stundenlang an dieser »Wut«. Warum eigentlich?

Stellen Sie sich einen tropfenden Wasserhahn vor. Stellen Sie sich bitte weiter vor, wie dieses Wasser in ein Gefäß tropft. Wenn das Gefäß ein Sieb ist, dann kann das eingetropfte Wasser ständig wieder auslaufen. Also bleibt das Sieb leer. Nur wenn wir den Hahn voll aufdrehen, kann sich *kurzfristig* eine gewisse Wassermenge im Sieb ansammeln. Dreht man jedoch ständig den Hahn ganz auf, dann befindet sich immer Wasser im Sieb.

Dieses Denk-Modell veranschaulicht, was in unserem Körper vorgeht. Das Rep. löst, immer wenn es auf Alarm (Kampf und/oder Flucht) »umschaltet«, einen Prozeß aus, der mit dem Wassserhahnaufdrehen zu vergleichen ist. Also tropfen jetzt einige »Tropfen« in das »Sieb«. (In Wirklichkeit ist die Menge der ausgelösten Flüssigkeit derart gering, daß sie unser Vorstellungsvermögen unterschreitet. Deshalb werden wir von »Tropfen« sprechen, um die chemischen Prozesse sicht- und vorstellbar zu machen.) Das »Sieb« in unserem Gleichnis ist unser Blutkreislauf, aber es ist einfacher, an ein »Gefäß« zu denken. Wir wollen ja nur eine Vorstellung erarbeiten, damit wir uns ein »Bild« dieser Abläufe machen können. (Wen die Details interessieren, der sei auf das Lit.-Verz. Nr. 9, 13, 42 verwiesen.)

Wenn nun wenige »Tropfen« in unser »Sieb« fließen, dann werden diese bald vom Organismus verarbeitet, so daß unser »Sieb« wieder leer wird. Wird jedoch der »Wasserhahn« zu oft oder zu lange aufgedreht, dann füllt sich unser »Sieb«.

Um welche Flüssigkeit handelt es sich hier? Um gewisse Hormone, die man als Streß-Hormone oder *Kampf-Hormone* bezeichnen kann. Diese Hormone haben die Aufgabe, den Organismus, der sich gefährdet fühlt, *sofort* kampf- oder fluchtbereit zu machen.

Kampfhormone
im »Sieb« – »Wut im Bauch«

Stellen Sie sich vor, Sie wären auf dem Nachhauseweg, am Steuer Ihres Wagens (oder auch auf dem Fahrrad). Sie sind todmüde. Sie wissen, daß Ihre Kraft gerade noch ausreichen wird, um nach Hause zu kommen und erschöpft ins Bett zu fallen. Nun ergibt sich plötzlich eine Gefahren-Situation, es kommt fast zu einem Unfall. Sie reagieren blitzschnell und merken anschließend, wie Ihr Herz pocht und wie »hellwach« Sie geworden sind.

Auf unser Denkmodell übertragen können wir sagen: die Kampfhormone sind ins »Sieb« geflossen, was Ihnen die Extra-Energien gegeben hat, um blitzschnell zu reagieren. Solange sie sich anschließend noch »hellwach« fühlen, sind noch Hormone in ihrem Blutkreislauf. Erst wenn die Müdigkeit und Erschöpfung sie übermannt, ist das »Sieb« wieder leer.

Nun verstehen Sie sicher, daß die Worte »eine Wut im Bauch haben«, ein volles »Sieb« beschreiben. Da ist der »Wasserhahn« zu stark oder zu lange aufgedreht gewesen, so daß die Kampfhormone nicht »abfließen« konnten. Auch die Redewendung vom »Tropfen, der das Faß zum Überlaufen bringt«, deutet solche Prozesse an.

Eine Denkblockade kann also durch zwei Faktoren ausgelöst werden. bzw. bestehen bleiben:

1. Durch die erste Alarm-Reaktion des Rep., welches zu Kampf oder Flucht »aufruft«, indem es die Kampfhormone auslöst, die in das »Sieb« fließen. (Dies geschieht innerhalb von einem Sekundenbruchteil!) Diese Alarm-Reaktion *löst die Blockade aus.*
2. Durch eine Ansammlung von Kampfhormonen im Blutkreislauf, die nicht ab-reagiert werden können, *bleibt die Blockade* (ganz oder teilweise) *bestehen.*

Nun sagten wir jedoch im ersten Kapitel ebenfalls, daß ein Mensch eine Denkblockade erleben kann, wenn er intensive Freude erfährt. Wie kommt es dazu?

Um diese Frage richtig beantworten zu können, müßten wir sehr tief in die Lehre um den Hormonhaushalt »einsteigen«. Deswegen hier nur eine höchst vereinfachte (sachlich nicht ganz akkurate) Antwort, als Denk-Modell zu verstehen: Es gibt nicht nur Kampf- sondern auch Freudehormone in unserem Körper. Auch bei diesem Wort ist der allgemein gebräuchliche Begriff ein Misnomer: Man nannte diese Freudehormone Sexual-Hormone, *ehe* man wußte, daß sie auch bei Freude ausgeschüttet werden!

Nun kann man grob-vereinfacht behaupten: Es gibt einen Freudehormon-Prozeß, der dem der Kampfhormone im Prinzip sehr ähnlich ist. Auch die Freudehormone werden in unser »Sieb« ausgeschüttet, gelangen also in unseren Blutkreislauf. Auch die Freudehormone können sich ansammeln, wenn zu viele auf einmal produziert wurden, die nicht alle auf einmal verbraucht werden konnten. Aber das passiert leider so selten, daß wir manchmal Mühe haben zu glauben, daß es dieses Phänomen überhaupt gibt. (Ist das nicht ein Armutszeugnis für unsere »zivilisierte« Welt)?

Ein Beispiel, das selbst in unserem Kulturkreis zu beobachten ist: Eine junge Dame hat sich verliebt. Plötzlich produziert sie laufend Freudehormone. Jeder Gedanke an den Geliebten löst eine kleine »Freudewelle« in ihr aus. Jeder Gegenstand, jedes Wort, jeder andere Mann, der sie an *ihn* erinnert, löst einige »Tropfen« aus. So daß wir diesen Vorgang so darstellen können: (s. Abb.)

Freudehormone
im »Sieb«

Auch hier gilt obige Regel: Die erste Freude-Reaktion des Rep. kann eine Denkblockade *auslösen* (wenn die Freude stark genug ist), eine Freudehormon-Ansammlung im Blutkreislauf kann diese Blockade *weiter bestehen lassen.* Diesen Prozeß beschreibt der Volksmund, wenn er sagt, daß ein Verliebter die Welt durch eine »rosarote Brille« wahrnimmt, womit wir bei einer hochinteressanten Beobachtung angelangt wären:

Unsere »Gefühle« werden biologisch gesehen von unseren Hormonen »produziert«. Wenn wir eine »Wut im Bauch« haben, dann ist unser Blut mit zu vielen Kampfhormonen angereichert. Wenn wir hingegen die Welt durch eine »rosarote Brille« wahrnehmen, dann sind es die Freudehormone, die uns so gut *fühlen machen.* (Wir verwenden hier absichtlich den angelsächsischen Ausdruck: »Etwas oder jemand macht mich gut« bzw. »schlecht fühlen«.)

Welche Schlußfolgerungen lassen sich aus diesem Sachverhalt ziehen?

1. *Die Welt, die sog. »Wirklichkeit«, ist nicht so, wie wir sie wahrnehmen, sondern so, wie unsere derzeitige Gestimmtheit sie uns wahrnehmen läßt. (Wenn Sie das Wort »wahr-nehmen« analysieren, dann besagt es ja, daß wir etwas für »wahr« nehmen!)*
2. *An Tagen, an denen sich zu viele Kampfhormone* in unserem Blutkreislauf befinden, neigen wir dazu »pessimistisch« zu sein, d.h. eher die negativen als die positiven Aspekte einer Sache oder Person wahr-zunehmen!
3. *An Tagen, an denen wir viele Freudehormone* produzieren, neigen wir eher zu einer optimistischen Welt-an-Schauung! (Dieser Satz müßte, auf viele Menschen bezogen, beginnen: »In Minuten . . .«)
4. *Wenn ein Mensch ständig zu viele Kampfhormone produziert,* dann befindet er sich sozusagen *chronisch* im Zustand einer teilweisen Denkblockade! (vgl. auch die Bemerkungen bezüglich der Kompensation auf der vierten MASLOWschen Stufe, Seite 42.)

Diese vier obigen Schlußfolgerungen lösen bei so manchem akute Unlustgefühle aus. Denn hier wird ja das Bild des rationalen, analytisch denkenden, »objektiven« Menschen massiv in Frage gestellt. Viele wollen bzw. können es einfach nicht wahrhaben, daß der Mensch von gewissen biologischen Abläufen mitgeprägt wird, daß der »Reptilien«-Bereich eben nach wie vor zwei Drittel unseres Reaktions-Spektrums ausmacht. Vielleicht hilft es, sich an dieser Stelle noch einmal ins Gedächtnis zu rufen, daß der Homo sapiens ja erst einige Minuten »alt« ist (s.S. 35). Wenn man dann bedenkt, daß die ersten Menschen schon vor »Stunden« auf unserem Erdball erschienen, dann hat dieser Homo sapiens in den letzten Sekunden unerhört viel geschafft! Aber noch einige Hunderttausende von Jahren wird er nicht *der* Homo sapiens sein, für den er sich heute bereits gerne hält. Ich meine, daß nicht diese *Tatsachen* zu Problemen und Konflikten führen, sondern die Unkenntnis bzw. *Mißachtung* derselben. Schließlich hat der Mensch ja die Möglichkeit, seine Schwierigkeiten mit dem Denk-Hirn zu analysieren, um sie besser zu meistern. Ist es dann nicht traurig, wenn er die Augen verschließt, weil er gewisse Dinge einfach nicht wahr-haben will?

2.2. Aufnahme der Wirklichkeit, Mißverständnisse, Toleranz und Ethik

Wir hatten gesagt, daß das Bedürfnis »zu wissen, was man weiß« der zweiten Stufe (Sicherheitsbedürfnisse) zugeordnet werden muß (Kap. 1). Wenn wir dies verstehen, wird es uns nicht schwerfallen zu begreifen, warum Menschen sich so oft gewissen Tatsachen »verschließen«. Warum sie sich oft akut bedroht fühlen, wenn eine neue Information ein »Wissen«, das sie zu haben meinten, angreift. Die Physiker der letzten Jahrzehnte hatten zum Teil große Probleme, als sie zu begreifen anfingen, daß die kleinsten »Partikel«, aus denen Materie »besteht«, nicht konkret einzuordnen sind, weil die modernere Physik *sämtliche bis dahin für absolut sicher gehaltenen Konzepte der »Materie« in Frage stellte.* Bernhard RUSSEL sagte dazu (in: 23, S. 52):

Soviel wir wissen, scheint ein Atom lediglich aus den Strahlungen zu bestehen, die es abgibt. Es ist nutzlos zu argumentieren, daß Strahlungen nicht aus dem Nichts entstehen können . . . Die Vorstellung, daß das Elektron oder das Proton ein harter Klumpen ist, ist ein illegitimer Einbruch von Begriffen des »gesunden Menschenverstandes«, die vom Tastsinn abgeleitet sind . . . Materie ist eine bequeme Formel dessen, was nicht geschieht!

HEISENBERG (23, S. 34), einer der bedeutendsten Physiker, sagte dazu:

Schon der Versuch, ein Bild (von den Elementarteilchen) zu entwerfen und über sie in anschaulichen Begriffen zu denken, bedeutet, sie vollkommen falsch zu interpretieren.

Leider gilt dieses Infragestellen von Bekanntem nicht nur für die Physik, sondern für vieles, was wir immer für »sicher« gehalten haben. In seiner hervorragenden Einführung in diese Thematik sagt WATZLAWICK (48, S. 7) hierzu in: »Wie wirklich ist die Wirklichkeit?«:

Es soll aufgezeigt werden, daß das wackelige Gerüst unserer Alltags-Auffassungen der Wirklichkeit im eigentlichen Sinne wahn-haft ist, und daß wir fortwährend mit seinem Flicken und Ab-Stützen beschäftigt sind, selbst auf die erhebliche Gefahr hin, Tatsachen verdrehen zu müssen, damit sie unserer Wirklichkeits-Auffassung nicht widersprechen, statt umgekehrt unsere Welt-Schau den unleugbaren Gegebenheiten anzupassen.

Es soll (in seinem Buch) *gezeigt werden, daß der Glaube, es gäbe nur eine Wirklichkeit, die gefährlichste all dieser Selbst-Täuschungen ist. Daß es vielmehr zahlreiche Wirklichkeits-Auffassungen gibt, die sehr widersprüchlich sein können.*

Wie kommt es, daß es »mehrere Wirklichkeiten« geben kann? Nun, *einen* Grund hatten wir oben schon gefunden: Zwei Menschen, die mehr Kampf- bzw. Freudehormone in ihrem System besitzen, werden dieselbe Sache, Person oder Situation völlig anders wahr-nehmen.

Es gibt noch weitere Gründe, die allerdings diesen Rahmen sprengen würden. Deshalb sei im Augenblick nur noch einer erwähnt: Wenn wir »gelernt« haben, daß etwas »so« sei, dann ist es uns meist nicht mehr (leicht) möglich, zu begreifen, daß diese Sache auch »anders« sein kann. Hierzu sagt Carlos CASTANEDA, dessen Bücher (insbes. 14, 15) ich nur empfehlen kann, in »Reise nach Ixtlan« (15) folgendes:

Jeder, der mit einem Kind in Kontakt kommt, ist ein Lehrer. Er erklärt die Welt unaufhörlich, bis zu dem Augenblick, wo das Kind die Welt so wahrnehmen kann, wie sie ihm erklärt wurde. Wir haben keine Erinnerung an diesen folgenschweren Augenblick, einfach weil wir keinen Bezugsrahmen hatten (damals), in dem wir ihm mit etwas anderem hätten vergleichen können. Doch von diesem Augenblick an ist das Kind ein Mitglied. Es kennt die Beschreibung von der Welt, und es erreicht ... die volle Mitgliedschaft, wenn es in der Lage ist, all seine Wahr-Nehmungen so zu deuten, daß sie mit diesen Beschreibungen übereinstimmen und sie dadurch (zu) bestätigen (scheinen).

Nun könnten wir fragen: Ja, gibt es denn wirklich *nichts*, dessen man (zumindest ziemlich) *sicher* sein kann? Gibt es denn gar keine »objektive« Wahrheit?

Um uns zu helfen, eben diese wichtige Frage zu beantworten, hat WATZLAWICK (48) uns einen Vorschlag gemacht, der m. E. brillant ist: Er sagt nämlich, wir sollten zwischen *zwei Arten von Wirklichkeiten* unterscheiden lernen:

1. *Wirklichkeiten erster Ordnung:* Hierbei handelt es sich um objektiv feststellbare, meßbare oder beweisbare Tatsachen, z.B. das spezifische Gewicht von Gold. Hier können verschiedene Wissenschaftler jeweils neu testen und werden immer wieder zum gleichen Resultat kommen. Ähnlich verhält es sich mit Fragen nach Uhrzeit oder Daten und Fakten, die nachprüfbar sind. (Allerdings müssen wir in Kauf nehmen, daß neue wissenschaftliche Ergebnisse auch solche Wirklichkeiten erster Ordnung in Frage stellen können, wie es in der Physik geschah.) Im Alltag jedoch dürfen und sollen wir ruhig davon ausgehen, daß Wirklichkeiten erster Ordnung auch wirklich »wahr« sind!
2. *Wirklichkeiten zweiter Ordnung:* Hierbei handelt es sich um Meinungen, Standpunkte und Werte, *die sich verändern können.* Als parallele zum spezifischen Gewicht des Goldes (oben) nennt WATZLAWICK hier den Wert, den das Gold für ein einzelnes Individuum haben kann! Weiter geht es hier um alle Fragen, die eben nicht empirisch geklärt werden können. »Über Geschmack läßt sich nicht streiten«, sagt der Volksmund zurecht. Warum aber streiten wir dann so oft über Wirklichkeiten zweiter Ordnung, als gäbe es auch hier nur eine einzige »absolute Wahrheit«?

Nun sollte man meinen, der vernünftige Mensch, der Homo sapiens, könne sich entscheiden, im Bereich dieser Wirklichkeiten zweiter Ordnung *liberal* zu sein. Daß er in Fragen dieser Kategorie begreifen würde, daß der andere genausoviel Recht darauf hat, hier seine (andere) Meinung zu vertreten. Daß man über Fragen des *Geschmacks*, der *Musik*, der *Religion*, der *Philosophie* (insbes. der *Lebensphilosophie*) nicht streiten kann!! Aber gerade in solchen Fragen ist der Mensch oft stur und intolerant.

Vielleicht ist Ihnen aufgefallen, daß wir oben um eine *liberale* Einstellung bitten, am Ende des vorhergegangenen Abschnittes jedoch von *Intoleranz* sprechen. Warum?

Das Wort »Toleranz« leitet sich von lat. »tolerare« ab, was

- er*leiden*
- er*tragen*,
- er*dulden*

bedeutet. Toleranz tut also »weh« (d.h. sie löst Unlustgefühle aus). Wir haben oft nicht die Kraft, die Energien, die »Nerven«, um tolerant zu sein, weil unser Rep. sich einmischt (s. Kap. 1 u. 2). Liberal zu sein, tut hingegen nicht weh. Worin liegt der Unterschied?

Wenn ich begreife, anerkenne und akzeptiere, daß andere Menschen ein Recht darauf haben, *anders* zu denken, fühlen und handeln als ich (was ihnen laut Grundgesetz ja auch zusteht!), dann löst ein Gedanke oder Verhalten, der (das) *anders* ist als mein eigener (eigenes), keine *Unlustgefühle* in mir aus. Wenn ich akzeptiere, daß jemand das Recht hat, einen *Beethoven* schöner zu finden als die *Beatles*, dann stört mich diese seine Haltung doch nicht! Wenn ich zulassen kann, daß jemand das Recht hat, Jeans zu tragen, selbst wenn ich für mich selbst einen »korrekten« Anzug vorziehe, dann erleide ich *keine Unlustgefühle*, wenn ich ihn sehe.

Nun hängt diese Fähigkeit, andere *anders* sein (denken, handeln) zu lassen, weitgehend von meiner inneren Sicherheit ab. (Also wieder MASLOW II) Je sicherer ein Mensch ist, um so mehr Ungewißheit kann er ertragen. Er wird dann auch verstärkt in der Lage sein, unterschiedliche Standpunkte oder Verhandlungsweisen zu respektieren. Denn er wird großzügiger, je mehr Homo *sapiens* (weise) er wird.

Aber viele Menschen fühlen sich sofort verunsichert, wenn man ihre Meinung, ihre Standpunkte, ihre Art und Weise etwas wahr-zu-nehmen in Frage stellt. Die meisten Menschen produzieren zahlreiche (unnötige!) Kampfhormone, nur weil jemand:

- *eine Meinung* vertritt, die sie nicht teilen,
- *ein Verhalten* zeigt, das mit ihren Erziehungsprozessen nicht übereinstimmt (z.B. Erbsen mit dem Messer auf die Gabel schiebt oder gähnt, ohne die Hand vorzuhalten, oder zu spät kommt usw.),
- *von unterschiedlichen Erfahrungen ausgeht*, was seine Art und Weise, die Situation zu beurteilen, von unserer unterscheiden wird (z.B. »Mit Werkstudenten arbeite ich prinzipiell nicht, da habe ich nur Ärger!«; selbst wenn der andere Gesprächspartner gute Erfahrungen hatte, ist man oft nicht bereit, einen Neu-Versuch zu wagen),
- *andere Ziele anstrebt*, als man selbst (wenn ich es für »richtig« halte,

daß man *immer fleißig* sein muß, werde ich schwerlich Verständnis für den haben, der da sagt: Ich lebe ja nicht, um zu arbeiten, ich arbeite nur, um zu leben),

- *andere Vor-Urteile besitzt* (wenn wir bei dem Wort »Vor-Urteile« nur an Rassen-Vor-Urteile denken, meinen wir oft fälschlicherweise, selbst frei von Vor-Urteilen zu sein. Aber: Jede Situation, die man sofort [»instinktiv« oder »automatisch«] be-urteilt, kann von Vor-Urteilen geprägt sein! Je schneller und spontaner das »Urteil« [meist Werturteile] gefallen ist, desto größer ist die Gefahr, daß hier nicht analytisch be-urteilt worden ist!),
- *eine Situation einfach anders wahr-nimmt* (hierzu können Sie ein interessantes Experiment durchführen: Das nächste Mal, wenn sie mit Freunden zusammensitzen, behaupten Sie einfach, eine Wandfarbe sei »anders«. Wenn die Wand beige ist, sprechen Sie von »der gelben Wand da«. Ist die Wand rost-rot, nennen Sie sie »orange« u.ä. Sie werden amüsiert beobachten, welchen Mühen Ihre Freunde sich sofort unterziehen werden, nur um Ihnen klarzumachen, daß Sie das »falsch« sehen. Wenn Sie nun »stur« bleiben, können Sie gut beobachten, wie schnell die anderen Kampfhormone produzieren, d.h. nachdrücklich überredend vorgehen. Man könnte meinen, es sei von allergrößter Wichtigkeit, daß Sie endlich »begreifen«, welche Farbe diese Wand nun wirklich hat!).

Besonders interessant wird es, wenn Sie fragen, *warum* andere so viel Wert darauf legen, daß Sie sich in Ihrer Meinung der Allgemeinheit anpassen. Dann erfahren Sie nämlich, als wie bedrohend abweichendes Denken (Verhalten) empfunden wird. Was nicht »normal« ist, scheint *a priori* zu bedrohen, nur weil es nicht »normal« ist. CASTANEDA würde sagen, nur weil es nicht der Beschreibung entspricht, die diese Menschen von der Welt haben. Die Welt ist so-und-so. So hat sie auch zu sein. Weil nichts sein kann, was nicht sein darf!

In CERVANTES'(17) »Don Quichote« heißt es sinngemäß: »Das Verrückteste (an dieser Welt) ist, daß wir sie nicht so sehen dürfen, wie sie sein könnte!« Weil der »normale« Mensch eben gelernt hat, wie und was er wahr-nehmen, denken, fühlen und tun darf.

Hierzu sagt der englische Psychiater LAING (28, S. 24):

Die Gesellschaft schätzt den normalen Menschen. Sie erzieht die Kinder dazu, sich zu verlieren und absurd zu werden, damit sie normal werden ...

Das, was wir »normal« nennen, ist (jedoch) ein Produkt von Unterdrückung, ein Nicht-Wahr-Haben-Wollen... Es ist dem wirklichen Sein total entfremdet.

RHINEHART (33, s. 137) bemerkt dazu etwas boshaft:

Es scheinen mir hier ganz bestimmte Grenzen zu bestehen, bis zu denen die Gesellschaft zu gehen bereit ist: Kriege, Mord, ... Elend. Den Stuhlgang aber anderswo zu verrichten als auf dem Klosett gilt als undiskutabel.

Das Interessante an RHINEHARTs faszinierendem Roman ist, wie klar er herausarbeitete, daß sogar das bloße *Erwähnen* von Gedankengängen, die nicht »normal« sind, bereits ernsthafte Sanktionen nach sich zieht!

Von der Frage, wie »gut« es eigentlich ist, »normal« zu sein, zu der, was denn dann un-normal (sprich: geisteskrank) sei, ist es nur ein weiterer Schritt. Über diese Frage lohnt es sich m. E., einmal (einige Minuten lang?) nachzudenken, da ja ein als geisteskrank eingestufter Mensch eingesperrt und gegen seinen Willen gefangengehalten werden kann. Dies kann jedem von uns passieren. Außerdem zwingt uns gerade so ein Gedankengang dazu, einzusehen, daß es vielleicht un-be-dacht ist, wenn Menschen sich allzu leichtfertig zum »Richter« über andere aufspielen, um dann selbstgerecht auch noch überzeugt zu sein, daß sie dies »zum Wohle« eben jenes anderen tun, der nie darum gebeten hatte.

Es gibt ein Buch, das m. E. jeder lesen sollte, der im Familien- oder Freundeskreis »Patienten« hat. Es heißt: »Geisteskrankheit – ein moderner Mythos« (im Deutschen). In ihm sagt der Autor SZASZ (40, S. 10/11), ein amerikanischer Psychiater, auf die Frage: Was ist Geisteskrankheit?:

Außerhalb der Psychiatrie stellt man sich unter »Geisteskrankheit« nur allzu oft eben das vor, was der Psychiater mit diesem Begriff bezeichnet. So betrachtet, wären unter Geisteskranken ganz einfach die Leute zu verstehen, die in Heilanstalten sitzen oder den Psychiater in seiner Privatpraxis aufsuchen.
Wenn diese Antworten töricht klingen, dann nur deshalb, weil sie töricht sind ...
Um bessere Antworten zu finden, muß man weitere Fragen stellen, z.B.: Ist Geisteskrankheit eine Krankheit?

Wie leicht-fertig kritisieren wir doch oft einen anderen, einfach weil seine Meinung oder sein Verhalten nicht in unsere »Programmierung« paßt. Weil er sich weigert, die Welt *so* wahrzunehmen, zu interpretieren, wie *wir* es gelernt haben.

Wenn dieser Abschnitt dazu beitragen kann, daß Sie sich eine Frage stellen, wenn Sie das nächste Mal Ihre Meinung durchsetzen wollen, dann würde ich mich freuen. Wie lautet diese eine Frage?

Handelt es sich bei diesem (Streit-)Punkt um eine Wirklichkeit erster oder zweiter Ordnung?

Oder, nach dem Nutzen für Sie analysiert, könnte diese Frage auch lauten:

Was habe ich davon, wenn ich den anderen jetzt zwinge, seine Meinung, seinen Standpunkt, sein Verhalten aufzugeben?

Wenn Ihre Antwort lauten müßte, daß Sie nur *den* Vorteil hätten, *ihre eigene Meinung nicht hinterfragen zu müssen,* dann wäre es wohl eine Frage der *Ethik*, ob Sie das *Recht* haben, den anderen über-*reden* zu wollen. Wohlgemerkt, gegen einen Überzeugungs-*Versuch* in solchen Situationen ist m. E. nicht viel einzuwenden, wenn es bei einem *Versuch* bleibt; wenn weder Zwang noch Druck angewendet werden, wenn weder direkte noch indirekte Kampf- oder Fluchtmanöver in Ihre Strategie einfließen. (Letztere werden im nächsten Kapitel noch aufgezeigt.)

2.3. Inventur-Übung Nr. 2

Wenn Sie wieder eine Inventur-Übung machen wollen, dann weiten Sie Ihre Beobachtungen des ersten Kapitels (beim Fernsehen, beim Beobachten Ihrer Mitmenschen) nun auf die Fragestellungen aus:

- **Wie oft beobachte ich Menschen, die sich große Mühe geben, andere zu Ihrer Wirklichkeits-Auffassung zu zwingen?**
  Und:
- **Wie oft handelt es sich dabei um Wirklichkeiten zweiter Ordnung, also um Dinge, über die man eigentlich gar nicht streiten könnte?**

Kapitel 3

Psychologische Mechanismen, durch Kampfhormone (Rep.) ausgelöst

Es gibt, wie wir schon gesehen haben, verschiedene Möglichkeiten, eine Sache zu betrachten. Bis jetzt haben wir überwiegend auf die *bio*logischen Aspekte geachtet, die es oft so schwer machen, »vernünftig« mit einem anderen zu verhandeln. In den nächsten zwei Kapiteln soll es um *psycho*logische Mechanismen gehen, und dann, in den Kapiteln 5 und 6, um die »logischen«, d.h. um reine Denk-Hirn-Vorgänge.

Wir wollen wieder auf unsere beiden Personen, die wir A und B genannt hatten, zurückkommen. A ist derjenige, der das Ziel verfolgt, den B zu überzeugen oder zu motivieren.

Wir hatten festgestellt, daß uns das Rep. gerne »dazwischenfunkt« (d.h. Denkblockaden sowie Kampf- und/oder Fluchtverhalten auslöst), und zwar häufiger, als man im ersten Ansatz hätte meinen können (Kap. 1). Wir sagten, daß die Kampfhormone im »Sieb« in unserem »Bauch« (Kap. 2) unsere Stimmung sowie unsere Fähigkeit, die Wirklichkeit wahrzunehmen, beeinflussen können. Wenn wir ab jetzt das Denken im »Kopf« lokalisieren, alle Gefühle jedoch im »Bauch« (wo man die »Wut« ja fühlt), dann können wir eine Gesprächssituation unter einem neuen Aspekt analysieren:

3.1. Zwei Ebenen der Kommunikation

Wenn zwei sich unterhalten, läuft dieses Gespräch gleichzeitig auf zwei Ebenen ab. Nach WATZLAWICK (46) nennen wir diese die Inhalts- und die Beziehungs-Ebene:

In der Inhalts-Ebene geht es, wie der Name schon sagt, um den Inhalt des Gesagten, um Gedanken, Worte, Informationen, Daten, Fakten usw., also um Produkte unseres Denk-Hirns im Kopf. Um die Wichtigkeit der zweiten Ebene zu verstehen, kann man ein Gedankenexperiment durchführen, das WATZLAWICK anregt. Er sagt: Stellen sie sich zwei Da-

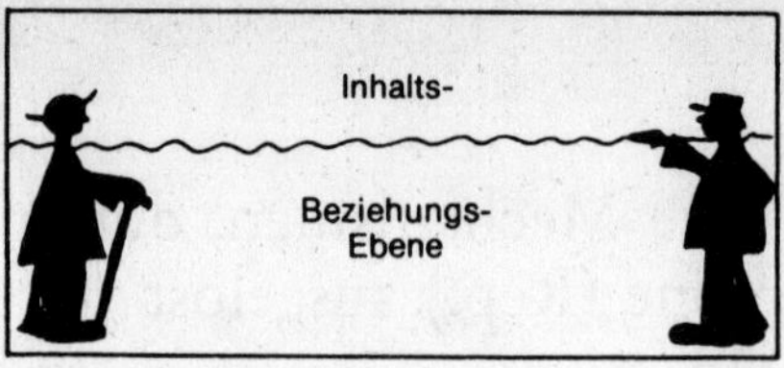

men vor, die auf einer Party nebeneinander stehen. Nun schaut sich die eine die Perlenkette der anderen an und sagt: »Sind die Perlen echt.« (Falls Sie das Fragezeichen hier vermissen, es ist absichtlich ausgelassen worden. Erklärung folgt gleich.) So daß die Worte also lauten:

Sind
die
Perlen
echt.

Nun fragen Sie sich bitte, wie die Dame das wohl gemeint hat! Bewundernd? Zweifelnd? Analytisch wissen-wollend? Höhnisch? Neidisch? Neugierig?

Falls Sie sich dazu hinreißen haben lassen, spontan zu »raten«, haben Sie vor-schnell geurteilt. (Vielleicht haben Sie ein Vor-Urteil, was das Verhalten von Frauen untereinander angeht?) Viele Seminarteilnehmer raten spontan, wenn ich Ihnen die Worte auf einem Plakat zeige. Dabei meinen interessanterweise die meisten Männer und viele Damen sogleich, daß die Worte bestimmt »höhnisch« oder »neidisch« gemeint gewesen seien.

Tatsache aber ist: *Wir haben keine Ahnung, wie sie gemeint waren!* Solange wir über die Beziehung der beiden Damen nichts wissen, können wir nicht raten. Deshalb hat auch das Fragezeichen oben gefehlt. Denn Satzzeichen, insbesondere Interpunktions-Zeichen, helfen uns in schriftlichen Texten, die Beziehung andeutungsweise aufzuzeigen. Zum Beispiel:

»Sind *die* Perlen echt?!
Sind die Perlen echt?«

Trotzdem müssen wir oft noch beschreibende Attribute hinzufügen, damit die Situation klarer wird:

Sie lächelte herablassend: »Sind die Perlen *echt*?«
Sie beugte sich interessiert vor: »Sind die Perlen echt?«

Wenn wir mit jemandem sprechen, senden wir ständig eine Fülle von Signalen, die uns helfen, die Beziehung zu bestimmen: Signale der Anerkennung, der Ablehnung, des analytisch-sachlichen Denkens, so daß wir die Art und Weise, *wie* wir etwas sagen, benützen, um unsere Gefühle dem anderen gegenüber mit auszudrücken.

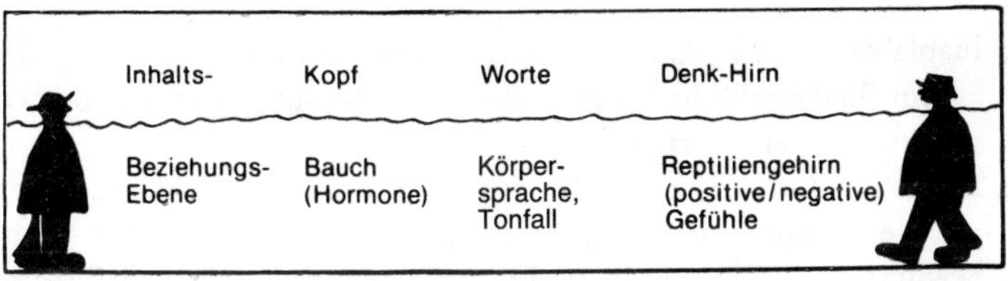

Nun sagten wir im Vorwort, daß der Mensch *bio*logisch gesehen zwar zu zwei Dritteln aus Rep.-Reaktionen bestehe, daß wir jedoch, *psycho*logisch gesehen, nur ein Drittel als »Krisenbereich« einzustufen bräuchten.

Dieselbe Information können wir anhand dieses Denk-Modells erarbeiten. (Somit bestätigt die Psychologie die Ergebnisse der Biologie): Solange der Bereich der Beziehung positiv ist, kann der andere ein Maximum der dargebotenen Information (auf der Inhalts-Ebene) wahrnehmen! Wird jedoch die Beziehungs-Ebene negativ, dann nimmt der andere nur noch einen Teil der dargebotenen Information auf.

Nach FESTINGER (19) sprechen wir hier auch vom psychologischen Nebel: Wenn man sich über die Beziehung zum anderen Sorgen macht (wenn Unlust ausgelöst wird), setzt ja die (teilweise) Denkblockade ein. Man kann also nicht mehr alles auf- oder wahr-nehmen. Man steht, bildlich gesprochen, im »Nebel«:

Je stärker die Blockade, desto »dichter« wird der Nebel, in dem der andere steht. Desto weniger ist man in der Lage, zuzuhören und mitzudenken oder »vernünftig« zu sein. Vernunft kommt ja, wie RATTNER (31) (siehe Seite 19) andeutete, aus ver-nehmen.

Positive Gefühle bzw. »neutrale« Stimmung: Denkhirn kann gut arbeiten.

Negative Gefühle: Blockade durch Rep. führt zu psycholog. Nebel.

Wenn uns dies einleuchtet, dann sollten wir uns einmal fragen, warum so viele Menschen wie folgt vorgehen:

A: blablabla (stellt irgendeine Aussage in den Raum)
B: So ein Blödsinn!!! (Sein Rep. reagiert mit Kampf, er spricht laut, aggressiv. Er steht jetzt im Nebel).
A: Aber nein doch! Hör mal, das ist so und so. . . (Jetzt erklärt er in diesen Nebel hinein und wundert sich, warum der andere jetzt so »unvernünftig« reagiert. Kein Wunder, wenn wir bedenken, daß der andere derzeit nicht besonders gut ver-nehmen kann. So werden die besten Argumente hier »verpufft«!)

Leider meinen wir oft, daß der Mensch um so besser (strategisch klüger) verhandeln (überzeugen) wird, je intelligenter oder gebildeter er ist. Dies stimmt aber nicht, denn auch der Intelligente und Gebildete, ja sogar der Wissenschaftler (den wir meist für besonders objektiv, analytisch, Denkhirn-aktiv halten) kann sich diesen biologischen Prozessen nicht entziehen. Wenn Sie im SPIEGEL (Nr. 40, 1978) die Diskussion zwischen ROTHAUGE und HACKETHAL[1] mitverfolgt haben, dann wissen Sie es. Hier nur einige wenige Zeilen:

ROTHAUGE: (sehr laut): Herr Hackethal, Ihnen fehlen die pathologischen Grundlagen! Man kann es sehr wohl ansehen (sic), und Sie stehen im Gegensatz zu allen Pathologen auf der Welt!
HACKETHAL: Ich bin nicht schwerhörig. . .

[1] bezüglich der Frage, wie sinnvoll Operationen bei Prostata-Krebs sind; HACKETHAL ist dagegen, ROTHAUGE dafür.

ROTHAUGE:	Das haben Sie vorhin eingeräumt, als Sie mir zugegeben haben, daß die hochdifferenzierten Krebse...
HACKETHAL:	... nein, Sie haben mich falsch verstanden. Ich rede wahrscheinlich nicht so laut wie Sie. Deswegen hören Sie mich nicht so richtig.

ANALYSE DIESER SÄTZE

1. ROTHAUGEs Lautstärke ist ein klares Kampfsignal. Sie geht auf einen Rep.-Mechanismus zurück: Drohgebärden und Kampfgeschrei dienen der Einschüchterung. (Diese Signale gehören in die Beziehungs-Ebene.)
2. Die Lautstärke weist auf Kampfhormone hin, die sich jetzt im Druck-Ausüben auflösen. Hier *drückt* die Kehlkopfmuskulatur sowie das Zwerchfell. Diese Kombination erzeugt dann die Laut*stärke* (Vgl. auch das Wort »Nach-Druck«!), die den anderen in den psychologischen Nebel schicken kann.
3. Der Satz: »Ihnen fehlen ja die pathologischen Grundlagen« bestätigt nun vom *Inhalt* her, was wir auf der Beziehungs-Ebene schon festgestellt haben. Ein eindeutiger Angriff. Indirekte Nachricht: Ich bin gescheiter als du, sonst könnte ich ja gar nicht feststellen, was dir fehlt. Also weiß ich (über die pathologischen Grundlagen) mehr als du. Vergleichbar mit dem Kinderspiel: Ich kann das besser als du (Vgl. auch das »weinende Kind in uns«, siehe Anhang: Einführung in die Transaktionale Analyse, Seite 185 ff.).
4. Der Satz: »Man kann es sehr wohl ansehen, und Sie stehen im Gegensatz zu allen Pathologen auf der Welt!« ist grammatikalisch nicht ganz korrekt. Nicht, weil ROTHAUGE nicht fähig wäre, diesen Satz richtig auszusprechen, sondern weil die teilweise Denkblockade häufig solche Fehler veranlaßt.
5. Der Satz beinhaltet einen sozialen Druck. Hier wird angedeutet, daß HACKETHAL sich gegen *alle* Pathologen stellt. Gegen die Norm unter den Pathologen, sozusagen. Daß er ein Außenseiter ist (siehe auch: Druck, »normal« zu sein in unserer Gesellschaft, Kap. 2).
6. Derselbe Satz beinhaltet noch einen klaren Hinweis auf ROTHAUGEs momentane Erregung: Rein logisch betrachtet kann er gar nicht

wissen, was *alle* Pathologen dieser Welt behaupten. Er kann nur von *vielen* etwas wissen, vielleicht sogar von *sehr vielen*, aber eben nicht von allen. Es handelt sich also um eine unzulässige Schlußfolgerung.

7. Der Satz beinhaltet nicht nur von der Logik her eine unzulässige Schlußfolgerung, sondern auch einen Beobachtungsfehler: ROTHAUGE wußte sehr wohl, daß *einige* Pathologen sich HACKETHALs Thesen angeschlossen haben, so daß er sich hier in diesem Augenblick einer Tatsache verschließt (Flucht), die er eigentlich kennt.
8. Worte wie die folgenden werden oft eingesetzt, um den Anschein zu erwecken, man spräche von einer universalgültigen, einzigartigen, unbestreitbaren Wirklichkeit erster Ordnung:
   »alle«
   »keine«
   »immer«
   »nie«
   »man muß, man soll, man weiß doch, daß. . .«
   Solche Worte haben oft ihre Berechtigung. Aber häufig werden sie aus der *Hilflosigkeit* heraus gebraucht, wenn man keine konkreten Beispiele (Daten, Fakten) bringen kann.
9. Der Satz HACKETHALs: »Ich bin nicht schwerhörig« ist ein interessantes Strategem[1], das oft eingesetzt wird, wenn man auf den *Inhalt* des Gesagten nicht eingehen will oder kann. Es bezieht sich nämlich auf ein Signal der *Beziehungs*-Ebene, in diesem Fall auf die Lautstärke.
10. Es gibt dieses Strategem auch als dialektischen Trick, d.h. als ein bewußt (vom Denkhirn geplant) eingesetztes Strategem, um einen anderen zu verunsichern: Man erwähnt etwas, was zur Beziehungsebene oder zur Person des anderen Stellung nimmt, ohne auf den Inhalt einzugehen. So manche von STRAUSS' Einwürfen (oder WEHNERs), können unter diesem Aspekt gesehen werden.
11. »Sie haben mich falsch verstanden.« Ein indirektes Kampfsignal, weil hier der »schwarze Peter« dem anderen zugeschoben wird. Ein Satz, der zunächst so »sachlich«, »analytisch« wirken kann, daß man ihn nicht sofort als Kampfsignal interpretiert. Aber: Die *Schuld* einem anderen zuzuschieben gehört zu den Droh- oder Kampfsignalen, weil dieser Mechanismus Druck auf den anderen ausübt. (Indirekte Nach-

---

[1] siehe Fußnote S. 44

Dieser Satz könnte sachlich richtig sein (vorausgesetzt die Aussage stimmt, was überprüfbar ist). Es handelt sich um eine Wirklichkeit erster Ordnung. Allerdings läuft man jetzt Gefahr,

die Diskussion zu gewinnen, darüber jedoch die Beziehungs-Ebene zu verschlechtern.

Aber Recht hat man gehabt!

So eine »Du-mußt«-Aussage wird oft als Druck empfunden (als indirektes Kampf-Signal). »Kein Mensch muß müssen«, sagt der Volksmund. Hier ist Achtung geboten. Man sollte sich darüber klar sein, daß Zwang/Druck zu den Über-Redungs-Taktiken gehört. In einer guten *Überzeugungs*-Strategie beachtet man die Gefahr, Kampf-Manöver im anderen auszulösen. Denn: Druck erzeugt ja Gegendruck (Regel Nr. 4, Seite 18). Meistens aber werden Aussagen diesen Typs angewendet, wenn man versucht, Wirklichkeiten zweiter Ordnung als absolut *richtig* darzustellen. »Wenn du einmal davon ausgehst, daß man beim Essen nicht aufstoßen darf, dann wirst du einsehen müssen, was für ein ungezogener Rüpel der Bernhard doch ist.« Hier wird einfach unterstellt, daß alle Menschen, die sich nicht »fein« (im Sinne unserer Erziehung) benehmen, Rüpel sind. Mit solchen Argumenten haben so manche Eltern ihren Kindern schon den einen oder anderen Freund »abspenstig« gemacht, gleichzeitig aber sichergestellt, daß diese Kinder später, als Erwachsene, gleichermaßen intolerant werden müssen. Noch ein Beispiel: »Wenn du seine Unpünktlichkeit in Betracht ziehst, wirst du einsehen müssen, wie unzuverlässig er doch ist!« Wenn »er«, aber aus einer anderen (Sub-)[1]Kultur kommt, in der man ihm nicht klargemacht hatte, wie sehr *wir* auf Pünktlichkeit bedacht sind? Wir wissen noch gar nicht, ob er wirklich unzuverlässig ist?! Vor-Urteile dieser Art erschweren z.B. die Verhandlungen mit Orientalen, die ein völlig anderes Zeit-Empfinden gelernt haben, erheblich. Erklärte mir einmal ein Geschäftsmann: »Wissen Sie, mit den Chinesen verhandeln wir gerne. Die sind so zuverlässig! Im Gegensatz zu den Arabern, mit denen kann man gar nicht. . .« Mit denen kann man sehr wohl, allerdings darf man nicht davon ausgehen, daß sie die Welt genauso sehen und bewerten wie wir.

---

1 Subkultur: Eine Untergruppe des eigenen Kulturkreises, z.B. Arbeiter, Intellektuelle, Hippies.

Analyse zu Typ Nummer Drei: »Du willst doch (dieses Ziel erreichen).«

Dieser Aussagetyp kann durchaus vom Denkhirn »produziert« werden, *wenn* man wirklich sicher ist, daß der andere »das« auch wirklich will.

Er wird jedoch immer als Angriff empfunden, wenn einem Motive und Ziele untergeschoben werden, die einen gar nicht interessieren. Deshalb werden so viele Erziehungs-Maßnahmen als Kampf-Ansagen interpretiert. Wenn die Mutter z.B. sagt: »Du willst doch fernsehen?«, die Tochter hingegen mit der Familie oft nur deshalb fernsieht, weil die Familie sich ärgert, wenn sie allein in ihrem Zimmer sitzt und liest. (Das gibt es wirklich!) Oder, wenn der Vater sagt: »Du willst doch mal einen *anständigen* Beruf haben!«, dabei jedoch impliziert, daß alle »anständigen« Berufe zumindest Abitur voraussetzen. Damit nimmt er dem Sohn jede Möglichkeit, den Wunsch zu äußern, Künstler, Schreiner oder etwas anderes zu werden, was nicht unbedingt ein akademisches Studium voraussetzt. Solche Aussagen werden *immer verletzen*, wenn sie nicht wirklich Ziele beschreiben, die der andere hat. Sie lösen, weil sie dann *Druck* symbolisieren, einen *Gegendruck* aus, den der erste Sprecher in der Regel »überhaupt nicht begreifen kann«. Denn seine Interpretation der Situation, seine Wahr-Nehmung der Wirklichkeit, ist eben eine völlig andere! Außerdem beinhaltet dieser Aussagetyp noch ein Kampf-Signal: Man bringt zum Ausdruck, der andere sei selber »schuld«, wenn er sein Ziel nicht erreicht. Hier schiebt man wieder den »schwarzen Peter« dem anderen zu. Ein subtiles Kampf-Manöver, das besonders er-drückend wirkt, wenn man gleichzeitig impliziert, daß der andere dieses »Ziel« nur erreichen kann, wenn er meinem Ratschlag folgt.

Hier gilt es zu unterscheiden, zwischen einem Ratschlag, den ich anbiete (es dem anderen aber freistelle, ihn auch zu befolgen) und den Ratschlägen, die man für hundertprozentig richtig hält. Hier neigt man dazu, *beleidigt* zu sein, wenn der andere ihn nicht annehmen will. In diesem Fall verstärkt man meist den Druck mit Zusatzaussagen wie: »Ich will dir ja nur helfen!« Wenn ich wirklich nur *helfen* will, dann bin ich doch nicht enttäuscht, wenn sich der andere doch anders entscheidet. Übrigens kann man das Wort Ent-Täuschung ruhig wörtlich nehmen: So wie bei einer Ent-Bindung die Bindung aufhört, so hört bei einer Ent-Täuschung die Täuschung auf. (Wenn wir einmal bedenken, daß der Mensch dazu neigt, *dem*, in dem er *selbst sich* getäuscht hatte, böse zu sein, wenn er endlich merkt, daß *er selbst* sich getäuscht hatte.)

Analyse zu Typ Nummer Vier: »Ich hab' dir doch auch geholfen.«

Hier handelt es sich eindeutig um moralischen Druck. Man erwartet eine Anerkennung eigener Handlungen. Dazu sagt RINGER (32): »Jede Beziehung stellt eine Wert-für-Wert-Beziehung dar«. Er deutet jedoch an, daß gerade diejenigen Menschen, die uns glauben machen wollen, sie wollten »nichts« für sich, ihre »Rechnung« immer dann präsentieren, wenn man es am wenigsten erwartet, und daß diese »Rechnung« oft höher ausfällt, als man geschätzt hätte. Im oben angeführten Beispiel sieht man dies ganz deutlich: »Dabei haben wir uns so große Mühe gegeben, Ihnen diese Unterlagen noch heute zukommen zu lassen.« Hier zeigt sich, daß das Bemühen dieses Beraters keinesfalls so »selbstlos« war, wie es zunächst den Anschein hatte. Als der Kunde nämlich (am Vormittag) gesagt hatte: »Schicken Sie uns die Unterlagen halt zu«, hatte der Berater behauptet: »Nein, nein, es macht mir gar nichts aus, sie vorbeizubringen. Ich muß sowieso in Ihre Gegend!« Sicher kennen Sie viele ähnliche Beispiele aus dem täglichen (Berufs-)Leben? Diese Art von Druck ist deshalb so diabolisch (wenn der andere darauf hereinfällt), weil man ja unterstellt, der andere stehe in unserer Schuld. Die meisten Menschen wurden nämlich so erzogen, daß sie es als höchst unehrenhaft empfinden, in der Schuld eines anderen zu stehen. Also wird hier die Beziehungs-Ebene »vergiftet«.

Analyse zu Typ Nummer Fünf: »Alle anderen ... (doch) auch!«

Diese Druck-Variante nennen wir sozialen Druck. Sie spricht unsere sozialen Bedürfnisse (MASLOW III, 29 Kap. 1) an. Die meisten Menschen haben Angst, sich gegen die Wünsche (Meinungen) anderer zu stellen (siehe Kap. 2). Menschen, die zur Flucht übergehen, wenn sie sich bedroht fühlen, lassen sich durch solche Aussagen relativ leicht manipulieren. Aber es bleibt ein Ressentiment. Man hat eine Niederlage erlitten. Kampftypen werden diesen Druck jedoch mit Gegendruck beantworten: »Das ist mir doch egal, was die anderen . . .!!!« heißt es dann. Zusatzinformation: In manchen Branchen ist es üblich, auf andere Kunden zu verweisen, insbesondere bei Kunden, die Erfahrungswerte anderer Kollegen zum Vergleich brauchen. Hier sollte man allerdings vorsichtig sein. Statt der oben zitierten Aussage: »Alle anderen Kunden, die dieses Gerät besitzen«, könnte man fragen: »Interessieren Sie sich für Erfahrungswerte anderer Kunden?« ehe man weiterspricht. Noch eine ganz konkrete Warnung: Es ist ausgesprochen gefährlich, *Namen* zu nennen, wenn man nicht ganz spezifisch um Referenzen gebeten worden ist. Beispiel: »Der Herr Doktor Stein aus der Markwartstraße benützt ebenfalls unser Gerät.«

Erstens kann es sein, daß Ihr Kunde diesen Doktor Stein nicht ausstehen kann. In solchem Fall spricht Ihr Argument eher *gegen* als *für* Ihr Produkt (Ihre Dienstleistung). Und zweitens fragt sich Ihr Kunde vielleicht, wo Sie *seinen* Namen überall erwähnen . . .

Zu diesem Aussagetyp sei nochmals auf die Analyse von Worten wie »alle« verwiesen (Seite 66).

Natürlich gibt es weit mehr Aussage-Typen, die auf verdeckte Kampf- oder Fluchtmanöver schließen lassen. Sie vollständig aufzulisten, würde allein ein Buch füllen. Übrigens gibt es hervorragende Bücher, die gerade unser defensives und Druck-ausübendes Verhalten unter dem Aspekt der T.A. (Transaktionalen Analyse nach BERNE) analysieren. Wenn Sie dieses Thema interessiert, finden Sie im Anhang eine Einführung in dieses Denkmodell (mit Übungen und Literaturhinweisen), ab Seite 185.

Wir können diese Mechanismen sehr bald besser erkennen, wenn wir unser Gehör und unser Auge schärfen. Denn: Kampf- oder Fluchtmanöver gehören ja zu der *Beziehungs*-Ebene, werden also durch die *Körpersprache* mit-ausgedrückt.

3.3 Einige körpersprachliche Signale

- Laut-Stärke: Je lauter jemand spricht, desto mehr Druck übt er auf seine Kehlkopf- und Zwerchfellmuskulatur sowie auf den Gesprächspartner aus (vgl. das Wort »Nach-*Druck*«).
- Mimik: Die Augen und die Mundwinkel senden zahllose kleine und kleinste Signale aus, die wir oft übersehen. Machen Sie einmal folgendes Experiment: Zeichnen Sie in die drei Gesichter unten je einen Mund ein, wobei sich der Mund von Zeichnung zu Zeichnung kaum unterscheidet:

  Sehen Sie, wie sehr der Gesamt-Ausdruck der Mimik verändert wurde, wiewohl wir hier ja *nur* die Mundwinkel minimal verändert haben. Wenn Sie nun bedenken, daß normalerweise andere Muskeln mit daran beteiligt sind, unsere Mimik zu verändern, dann erscheint es einleuchtend, daß schon ein Bruchteil eines Millimeters bei Mundwinkel oder bei Augenbraue *Signale der Ablehnung oder der Annahme* beinhalten

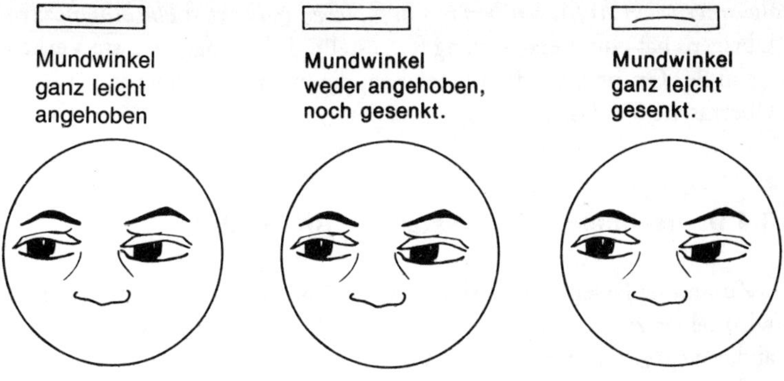

können. Nur, normalerweise registrieren wir diese Signale unbewußt, d.h. sie werden uns erst bewußt, wenn sie sehr deutlich geworden sind. Dann aber ist die Reaktion des anderen schon sehr stark ausgeprägt (z.B. sein Ärger).

- Gestik: Genauso wie Kampf-Mechanismen *Druck* auf Kehlkopf- oder Zwerchfellmuskulatur ausüben können, zeigt sich Druck oft, indem wir nach-*drück*-liche Gesten machen: Wir machen drohende Gebärden, wir klopfen nach-drücklich auf den Tisch, wir zerknüllen nervös Papier, usw. Ich beobachtete einmal einen Seminarteilnehmer, der in einer Diskussion mit anderen Teilnehmern äußerlich sehr ruhig und bedacht wirkte, bis auf seine Hände: ruhig und methodisch zerdrückte er binnen weniger Minuten vier Verschlüsse von Fruchtsaft-Flaschen. Wer dies einmal probiert hat, weiß, welche ungeheure Kraft (welcher *Druck*) dazu gehört!

Auf *ein* indirektes Fluchtmanöver möchte ich noch hinweisen, das nur sehr schwer erkannt werden kann: Angenommen B fühlt sich von A zu sehr unter Druck gesetzt und will fliehen, kann es aber nicht wagen, offenes Fluchtverhalten zu zeigen (d.h. den Raum zu verlassen oder das Telefongespräch abzubrechen). Dann flieht er oft indirekt, indem er *Zugeständnisse* (oder Versprechungen) macht, die er später nicht einhalten kann. Vielleicht wagt er es nicht, A zu sagen, daß er nicht allein die Entscheidung treffen kann. Vielleicht weiß er genau, daß er später absagen wird, »lügt«[1] jetzt jedoch, nur um A loszuwerden. Achtung: *Viele Stor-*

[1] Unter diesem Aspekt betrachtet kann man sehen, daß wahrscheinlich *jede Lüge Unlustgefühl* (z.B. Angst) *reduzieren soll!* Dies sollten besonders Eltern bedenken, ehe sie auf Lügen ihrer Kinder mit Drohungen und Strafen (= Kampf) reagieren. Solches Verhalten verstärkt ja den Zwang zur Lüge.

nierungen von Aufträgen beruhen auf solchen indirekten Fluchtmanövern! Übrigens hat eine Versicherung festgestellt, daß der aggressivste Verkäufer in der Gruppe, langfristig gesehen, die meisten Stornierungen hatte. Überrascht Sie das?

3.4 Überschneidung – Distanz – Brückenbau

Zusammenfassend lassen sich diese Gedankengänge so formulieren: Es wird leider zu viel aneinander vorbei und gegeneinander (bzw. voneinander weg) gearbeitet, weil das Miteinander, die Brücke zum anderen zu bauen, so schwerfällt:

Aneinander vorbei: keine echte Kommunikation*

Gegeneinander bzw. voneinander weg: Kampf- u. Flucht-Manöver

* Das Wort »Kommunikation« hat 2 Grundbedeutungen: 1) Nachricht oder Mitteilung und 2) Verbindung. Da bei beiden hier abgebildeten Beispielen keine Verbindung hergestellt wird, handelt es sich nur um Schein-Kommunikation.

Stellen wir uns jeden Menschen als in einem Kreis stehend vor. Dieser Kreis symbolisiert unsere Wünsche, Ziele, Hoffnungen, Annahmen über die Wirklichkeit, Gefühle, Erfahrungen, usw.

Die Plus-Situation des Vorwortes sähe so aus:

Miteinander durch Überschneidung

Hier hatten A und B die gleichen Ziele, so daß sich ihre Motive gedeckt haben. Deswegen sagten wir ja auch, daß A *Glück* hatte.

Der wirkliche Verhandlungs-Erfolg (bzw. Mißerfolg) wird sich jedoch erst ergeben, wenn zunächst eine Distanz zu überbrücken ist:

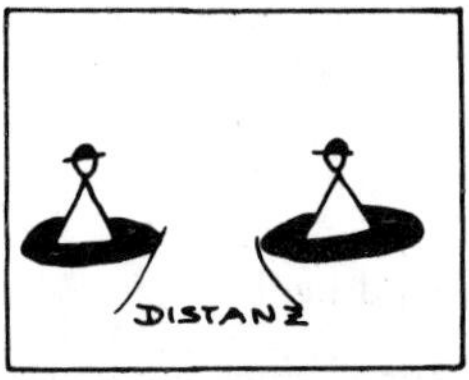

Distanz = trennend

Eine Brücke zum anderen zu bauen ist jedoch unerhört schwierig. *Bio*-logisch gesehen, weil das Rep. so gerne »dazwischenfunkt«, wenn unsere eigenen Ziele gefährdet werden. *Psycho*-logisch gesehen, weil wir den anderen oft erst in den psychologischen Nebel schicken (d.h. die Beziehung negativieren), um dann in diesen Nebel hineinzuargumentieren, was zu Aneinander-Vorbei und zu Gegeneinander führt. Das bedeutet: die fünf Regeln aus dem Vorwort werden nur allzu häufig in die Praxis übertragen.

Optimal wäre das Miteinander durch Brückenbau. Das Miteinander durch Eingehen auf die Bedürfnisse, auf den Kreis, des anderen:

Miteinander
durch Brückenbau

Hierzu ist jedoch eine Frage-Technik nötig: Denn:

Wer fragt – führt.

Wer schlecht oder gar nicht fragt, kann natürlich nur unzureichend oder gar nicht führen. Je besser man mit Fragetechniken umgehen kann, desto erfolgreicher kann man verhandeln, überzeugen, motivieren.

Deshalb befaßt sich unsere Inventur-Übung zum Abschluß dieses Kapitels auch mit diesem Schwerpunkt:

3.5 Inventur-Übung Nr. 3

Sehen Sie wieder fern und beobachten Sie:

1. Wie oft *widerspricht* jemand einer anderen Person, ohne sich nach den Gründen des anderen zu erkundigen?
2. Wie oft versucht jemand eine andere Person zu überreden, ohne auch nur *eine* Frage nach den *Zielen* des anderen gestellt zu haben?
3. Wie oft enden diese schlechten Strategien in *Siegen* (oder *Niederlagen*) für die stärkere bzw. schwächere Partei?

Falls Sie bei Ihren Recherchen ein leises Entsetzen nicht unterdrücken können: So war es auch schon, ehe Sie diese Prozesse *bewußt* zu registrieren anfingen!

Kapitel 4

Psychologische Grundlagen erfolgreicher Motivation

Wir hatten im Vorwort darauf verwiesen, daß das Thema unseres Buches die »negotiation-technique« des englischen Sprachraumes ist (vgl. Seite 16). Damit meinen wir eine Situation, in der unsere Person A (die ein Ziel verfolgt) versucht:

- B etwas zu verkaufen,
- B von einer Meinung zu überzeugen,
- B zu motivieren.

Jedesmal, wenn wir etwas verkaufen, müssen wir versuchen zu überzeugen, ob dieses »etwas« nun ein Produkt, eine Dienstleistung, eine Idee oder einen Gefallen darstellt (vgl. Vorwort), den B uns erweisen soll. Letztlich meinen wir dasselbe, wenn wir von Verkaufs- oder Verhandlungsstrategie bzw. vom Prozeß der Motivation sprechen. Komischerweise vergessen wir aber in der A-Rolle so häufig, daß ja *wir* »etwas« vom anderen wollen. Allzuoft bemühen wir uns nicht darum, eine »Brücke« zum anderen zu bauen (siehe Kap. 3). Häufig gehen wir zu Druck oder Zwang, zu offener oder verdeckter Macht-Ausübung, zum Über-*reden* oder gar zur offenen oder indirekten *Manipulation* über.

Die Gründe dafür haben wir aus der Sicht der Biologie und der Psychologie schon weitgehend erarbeitet (Kap. 1 – 3). In diesem Abschnitt wollen wir uns die Prozesse der Motivation ansehen.

Hier werden wir uns überwiegend auf die Arbeiten von MASLOW (29) und HERZBERG (22) stützen.

4.1. Motivation

Wenn wir jemand motivieren wollen, dann heißt das:

> **Wir wollen ihn dazu bewegen, ein eigenes Ziel zugunsten unseres Zieles aufzugeben.**

Bildlich dargestellt gibt es prinzipiell zwei Möglichkeiten: Seine und meine Zielvorstellungen decken sich, wir haben also eine Plus-Situation vor uns (siehe Vorwort):

Sein und mein Ziel decken sich
(= miteinander durch Überschneidung).

Oder aber seine und meine Zielstellungen decken sich nicht, so daß wir es mit einer Fragezeichen- oder Minus-Situation zu tun haben (siehe Vorwort):

Sein und mein Ziel decken sich nicht
(zunächst also: Distanz + Trennung).

Im ersteren Falle brauchen wir ihn nicht zu motivieren, im letzteren beginnen meist die Probleme.

Um Schwierigkeiten dieser Gesprächs-Situation besser analysieren zu können, müssen wir wissen, was ein *Motiv bio-* und *psycho*-logisch gesehen darstellt. Zunächst gibt uns das Wort selbst einen wichtigen Hinweis: »Motus«, lat., heißt: »die Bewegung«. Ein Motiv ist also »etwas«, was uns bewegt. Falls Sie »Motiv« bis jetzt mit »Beweg-*Grund«* übersetzt haben, möchte ich Sie bitten, ab jetzt *»Beweg*-Grund« zu denken. Denn das »Bewegende« eines Motivs hat mit unserem Rep. (siehe Kap. 1) zu tun sowie mit unserem Hormonhaushalt, also mit unserem »Sieb« im »Bauch« (siehe Kap. 2), während ein Beweg-*Grund* mit Denkhirn-

Aktivitäten (siehe Kap. 1) assoziiert werden kann. Je mehr man dazu neigt, nur die rationalen, analytischen, sachlichen Gründe einer Motivationssituation zu besprechen, desto größer ist die Gefahr, daß dieses Gespräch durch Nach-*Druck*, Mißverständnisse, Aneinander-Vorbei und Gegeneinander geprägt sein wird, was dann wiederum bewirkt, daß der Partner im *psychologischen Nebel* (siehe Kap. 2) »versinkt«, bzw. Kampf- und/oder Flucht- (auch Ausflucht)-Verhalten zeigen wird[1].

Wenn also ein Motiv grundsätzlich etwas *Bewegendes* ist, dann müssen wir uns fragen: Wohin soll uns das Motiv denn bewegen? Bewegung kann ja zielgerichtet bzw. richtungsmäßig definiert werden. Antwort: Jedes Motiv soll uns an ein *Ziel* bringen:

Motive entspringen unseren Bedürfnissen (siehe Kap. 2), Ziele hingegen stellen die Bedürfnis-Befriedigung dar. Angenommen Sie haben großen Hunger, dann wäre das Motiv das, was Sie antreibt, um dieses Bedürfnis zu befriedigen. Ihr Ziel wäre die Sättigung.

Nun haben wir in den vorangegangenen Kapiteln aber auch erarbeitet, daß ein Mangel, ein Defizit in unserer Bedürfnis-Befriedigung immer Rep.-Aktionen (Kampf- oder Flucht) auslöst, die dazu dienen sollen, die Unlustgefühle zu beenden. Jetzt können wir sagen, daß diese Rep.-Reaktionen (die wir auch als Alarm-Reaktionen bezeichnet haben), uns die *Energien* liefert, um der Unlust ein Ende zu bereiten. Diese Energien hatten wir ebenfalls schon besprochen: Das sind die Kampfhormone, die in unser »Sieb« fallen (siehe Kap. 2).

Wir können also sagen: Je wichtiger uns ein Ziel ist, desto mehr Energien hat der Organismus uns zur Verfügung gestellt, dieses Ziel zu erreichen. Vielleicht ist uns jetzt klar, warum die Gefahr einer schlechten Verhandlungsstrategie proportional zur Wichtigkeit des Zieles wächst.

---

[1] Falls Sie das Buch gleich hier aufgeschlagen haben sollten, werden Sie ohne das Lesen der ersten drei Kapitel vielleicht nicht wissen, was wir mit bestimmten Begriffen meinen, die alle vorher erklärt worden sind.

Je näher wir dem Gefühl der akuten Angst (vor dem Verlust unseres Zieles) kommen, desto panik-artiger reagieren wir, desto kopf-loser, d.h. desto stärker wird die Blockade unserer Denkhirn-Prozesse. Wie »wild« das Reptil in uns reagieren kann, wenn wir in Panik geraten, können wir an den Situationen sehen, in denen eine Menschenmenge in wilder Flucht alles, auch Mitmenschen niederrennt, ohne Rücksicht auf Verluste (von Menschenleben)! Selbst ein Pferd würde (fast) nie auf einen am Boden liegenden Menschen treten...

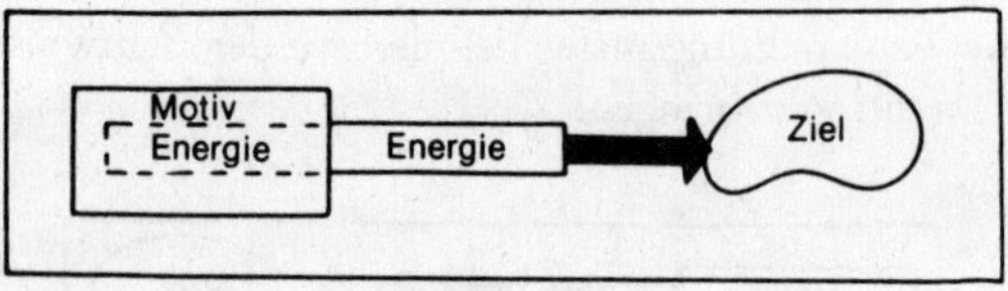

Denken wir noch einmal an obiges Beispiel: Sie haben Hunger. Der Hunger löst ein Unlustgefühl aus. Dieses wiederum aktiviert eine Rep.-Reaktion. Diese führt zu einer Ausschüttung von Kampf-Hormonen, die jetzt in Ihr »Sieb« fließen. Diese Energien wiederum sollen Ihnen helfen, das Ziel, (hier: die Sättigung) anzustreben. Wenn Sie das Ziel erreicht haben, ist der Vorgang als beendet anzusehen:

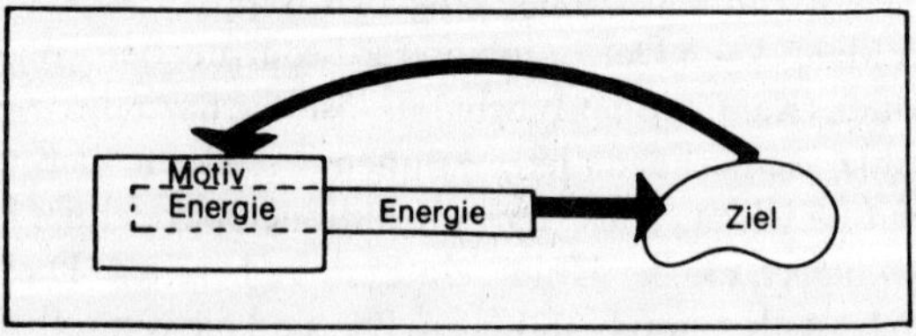

Bei einem Säugling können wir klarer erkennen, welche Energien er benötigt, wenn er Hunger hat. Denn das Schreien, durch das er die Umwelt auf den Hunger aufmerksam macht, kostet ja Kraft:

Je eher wir ein Bedürfnis befriedigen können, desto weniger akut sind die Kampf-Reaktionen, desto weniger Kampf-Hormone haben wir produziert, desto weniger Energie muß der Körper bereitstellen (ins »Sieb« fließen lassen), damit wir die Kraft haben, unser Ziel zu erreichen.

Wenn Sie eine Mücke erschlagen haben, weil diese Sie leicht irritierte, *ehe* diese Sie stechen konnte, haben Sie eine so geringe Menge Kampf-

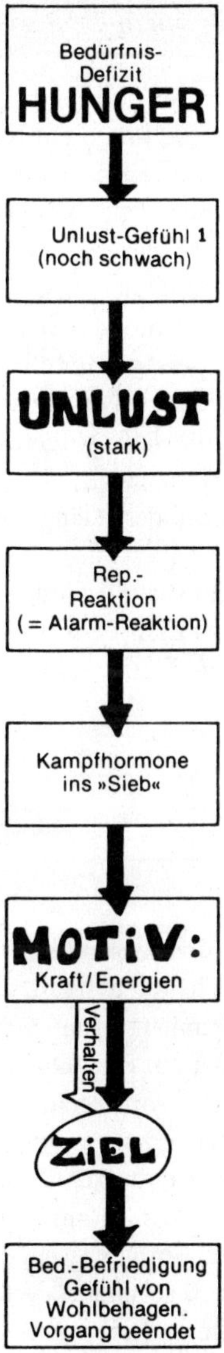

[1] Sollte hier bereits gefüttert werden, wäre der Vorgang beendet.

hormone produziert, daß diese durch die Aktion des Mücke-Erschlagens bereits verbraucht wurden.

Wenn Sie die Mücke aber erst erschlagen haben, nachdem diese Sie gestochen hat, dann produzieren Sie weit mehr Kampfhormone. Denn jetzt ist das Unlustgefühl stärker. Außerdem hält es länger an. Weiterhin gilt es zu bedenken, daß diese Kampf-Energien auch für Heilungs-Prozesse zuständig sind. Sie lösen nämlich zahlreiche chemische Prozesse aus, z.B. die vermehrte Produktion sogenannter Inflammatoren (die einer Infektion entgegenwirken). Kampfhormone helfen auch die weißen Blutkörperchen (die »Polizei« des Körpers) zu mobilisieren. Kampfhormone sorgen dafür, daß dem Blut bei jeder großen Gefahr ca. 20 zusätzliche »Chemikalien« zugeführt werden, die dafür sorgen, daß es im Falle einer offenen Verletzung schneller gerinnt usw.

Je stärker die Alarm-Reaktion, desto länger dauert es, bis unser »Sieb« sich wieder leeren kann.

Um unser Diagramm nun zu vervollständigen, können wir sagen: Das Motiv (= Energie) soll uns ans Ziel (Bedürfnis-Befriedigung) führen, indem es ein bestimmtes *Verhalten* (z.B. schreien, Mücke totschlagen, essen) auslöst.

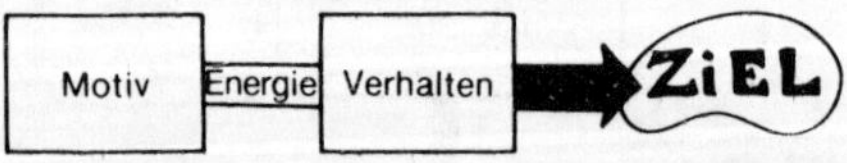

Ineressanterweise leuchtet uns dieser Gedankengang weit mehr ein, wenn wir an unser *eigenes* Verhalten denken, als wenn wir über das Verhalten eines anderen Überlegungen anstellen: Die Mutter möchte, daß das Kind den Spinat ißt. Sie hat ein *Ziel*. Diese Ziel hätte sie *nicht*, wenn nicht ein darunterliegendes *Bedürfnis* es ausgelöst hätte. Dieses Bedürfnis könnte z.B. sein: schnell fertig zu werden, damit sie einkaufen gehen kann; oder: der Spinat soll gegessen werden, weil er so »gesund« ist, denn das Wohlbefinden ihres Kindes liegt ihr am Herzen. Vielleicht aber auch: »Ich mußte meinen Spinat auch immer essen, ob ich wollte oder nicht!«. Das letzte Motiv würde in der Regel anders »verpackt« werden, z.B. durch ein: »Ich will Dir ja nur helfen!« (siehe Analyse, Seite 68).

prügelt kleine Schwester; Schwesterchen zieht die Katze am Schwanz . . .
Die Ab-Reaktion kann auch durch muskuläre Tätigkeiten geschehen. Dabei leidet dann vielleicht der Teppich, den man mit besonderem Gusto klopft, aber kein Mitmensch.

2. Vergiftung: Man kann oder darf sich nicht ab-reagieren, weil die Erziehungsprozesse oder die derzeitigen Umstände es verhindern. Also bleiben die Kampfhormone im System. Da diese Hormone jedoch vom Organismus nur sehr langsam abgebaut werden, wirkt ein Zuviel wie Gift. Man könnte genausogut Arsen trinken. Dieses Gift greift nun den eigenen Organismus an. Es kommt zu den sog. Streßkrankheiten bzw. zu den »chronischen« Kampf-Reaktionen (vgl. Beschreibung S. 43 ff). So ein Mensch wirkt pessimistisch, launisch, leidend, krank.

Eine interessante Mischung kann man bei Menschen beobachten, die immer nörgeln. Einerseits verbietet ihnen ihre Erziehung, so richtig loszubrüllen, sich abzureagieren. Andererseits jedoch vergiften sie jedes Gespräch mit ständigen kleinen Sticheleien, meckernden oder nörgelnden Bemerkungen, d.h. mit indirekten Kampfmanövern.

4.3. Höhlenmensch-Reaktionen im Atomzeitalter

Jetzt verstehen wir vielleicht, warum wir so schnell zu unserer »Keule« greifen, wenn uns das Verhalten eines anderen nicht paßt. Warum wir so leicht auf Kampf oder Flucht (direkt oder indirekt) »umschalten«, wenn die Weigerung des B, unser Ziel anzustreben, uns frustriert. *Wieder gilt es, nicht die Tatsache zu verdammen, sondern ihre Mißachtung.* »Schuld« an unserem täglichen Ärger ist nicht die Tatsache, daß der Mensch noch immer ein »Reptil« in sich herumträgt, sondern *die* Tatsache, daß wir glauben, es sei nicht so. Hierzu sagt Alan W. WATTS (45), einer der größten westlichen Zen-Fachleute:

Der westliche Mensch leidet viel unnötigen Schmerz, weil er sich mit der Definition verwechselt, die er sich selbst gegeben hat.

Das meinte auch ein chinesischer Weiser, SENG-TSAN, als er sagte:

Die Krankheit des Geistes, das ist der Konflikt, immer das Richtige tun zu wollen!

Vielleicht würde es uns helfen, wenn unsere Einstellung ein wenig »östlicher« werden könnte. Wenn wir *weniger Angst* davor haben müßten, *so zu sein, wie wir eben sind.* Wenn wir weniger Scham- und Schuldgefühle erleben würden, wenn wir einmal nicht so perfekt (intelligent, rational, »objektiv«, wissend, erfolgreich) waren, wie wir wegen der Erwartungen anderer meinen, sein zu müssen. Vielleicht würde eine solche Einstellung uns nicht nur toleranter uns selbst gegenüber machen, sondern auch mehr Toleranz für den Andersdenkenden (-fühlenden, -handelnden) nach sich ziehen. Damit aber wäre eine Menge potentieller Krisensituationen entschärft (vgl. auch Kap. 3).

Angenommen, die Mutter könnte es akzeptieren, daß das Kind keinen Spinat mag. Untersuchungen haben gezeigt, daß Kinder intuitiv Speisen ablehnen, die ihnen nicht bekommen. Ob dies nun daran liegt, daß Speisen, deren Essen Kampfhormone produziert, Verdauungs-Schwierigkeiten nach sich ziehen (weil Kampfhormone u.a. auch die Verdauungsprozesse stoppen), oder ob die Ursache woanders zu suchen ist: Das Resultat ist das gleiche. Wenn diese Mutter sich also entschließen könnte, ihr Kind nicht zum Essen des Spinats zu zwingen, *dann würde das Jahr schon eine Menge Kampf-Situationen weniger beinhalten!*

Ebenso gilt dies für sämtliche Streitigkeiten, Überredungs- und Manipulationsversuche, die Wirklichkeiten zweiter Ordnung (siehe Kap. 2) betreffen.

Ich meine, daß *etwas mehr Respekt für die Ziele des anderen* uns automatisch bereits besser, verständiger, einsichtiger mit jemandem verhandeln lassen würde. Etwas mehr Respekt für das Grundgesetz, welches ja jedem Bürger die freie Entfaltung erlaubt. Wie unfair ist es doch, daß der Höhlenmensch in uns den anderen ohne Skrupel zu unserer Überzeugung überreden will, wiewohl wir uns im umgekehrten Fall dagegen wehren, daß andere so mit uns verfahren.

Wenn Sie die Inventur-Übungen schon begonnen haben, dann haben Sie sicher schon die Beobachtung gemacht, daß diese »sturen« Prozesse weit häufiger ablaufen, als Sie zunächst angenommen hätten . . .

Um zur Motivation zurückzukommen: Wann immer Sie keine Plus-Situation, keine Überschneidung Ihrer Ziele vorfinden, handelt es sich um eine Fragezeichen- oder Minus-Situation. *Fragezeichen,* das heißt in diesem Zusammenhang: Wenn Sie dem anderen zeigen können, daß er *seine Ziele* erreichen kann, *indem er Ihr Ziel anstrebt,* dann haben Sie ihn überzeugt:

nierung er sein ganzes schon bezahltes Geld (100 % der Reisekosten) für zwei Personen verlieren würde? In diesem Falle säße er jetzt schön in der »Tinte«. Meiers Art der Fragestellung (eine sog. Alternativfrage) *hat für ein mögliches Nein überhaupt keinen Raum gelassen*, so daß Huber sich u.U. sehr be-*drängt*, be-*drückt*, be-*droht* fühlt. Diese *Unlustgefühle* müssen sein Rep. aktivieren! Er sagt also:

»Wissen Sie, Herr Meier, Sie scheinen davon auszugehen, daß ich meinen Urlaub unbedingt verschieben *muß!*

Dem ist aber nicht so! Sie wissen genau, daß Herr Schreiner uns damals gezwungen hat, uns auf den Tag festzulegen. Sie wissen ebenso, daß *Sie* damals Schreiners Entscheidung unterstützt haben! Jetzt sehen Sie zu, was aus McLaughlin wird! Das ist *Ihr Problem!*«

Damit ist eine *positive* Motivation (HERZBERG) ausgeschlossen. Meier wird nun zur *negativen* übergehen, die darin besteht, den anderen zu zwingen. HERZBERG (22) verglich diesen Prozeß damit, daß man versucht, einen Esel zum Laufen zu zwingen, indem man ihn in den Allerwertesten tritt. Er nennt dies KITA (Kick in the Ass, d.h. Tritt in den A . . .):

4.5. KITA und Karottenmethode

Tritt (= Kampf/Druck), um den »Esel« an **mein** Ziel zu bewegen.
KITA (Kick in the Ass)

Dieses Beispiel ist sehr anschaulich. Denn KITA wendet man an, wenn:

- das Rep. des »Motivierenden« auf Kampf umgeschaltet hat, weil er sein Ziel (= seine eigene Bedürfnis-Befriedigung) gefährdet sieht,
- der »Motivierende« die Gefühle des anderen genausowenig respektiert, wie die Gefühle eines Esels (eines Arbeitstieres, das man ausbeutet).

Da aber Druck Gegendruck erzeugt, ist KITA immer dann gefährlich, wenn:

- A und B auf denselben hierarchischen Stufen arbeiten,
- A und B Verhandlungs-Partner (im üblichen Sinne des Wortes) sind,
- B sich erfolgreich gegen diesen Druck wehren kann.

Zur Mitarbeiter-Motivation, die von »oben« nach unten verläuft, seien die Vor- und Nachteile von KITA kurz erwähnt:

Vorteile von KITA	Nachteile von KITA
Der andere »geht« (an mein Ziel), weil er muß. Ich habe also »gewonnen«. Je kleiner das Ziel, desto mehr Zeit spare ich bei KITA. NB.: Bei »de-motivierten« Mitarbeitern (auch die gibt es) kann KITA durchaus angebracht sein. Wenn KITA mit Anerkennung gekoppelt wird und der Ton ein freundlicher ist (also Anweisungen, nicht Befehle gegeben werden), kann KITA durchaus befriedigende Ergebnisse bringen. In diesem Fall empfindet man den Chef als »streng aber fair«.	Druck und Zwang gehen immer mit *maximaler* Kontrolle einher. Der Esel wird immer wieder stehen bleiben, weil er ja nicht freiwillig an mein Ziel geht. (Kann ich ihm das wirklich verdenken?) Je wichtiger (auch: langfristig gedacht) das Ziel, desto mehr Zeit, Kraft und Energien vergeude ich durch das wiederholte Treten-Müssen sowie durch die Kontroll-Maßnahmen. Ich respektiere den anderen nicht genug, um auf seine Bedürfnisse einzugehen. Das nimmt mir der Gesprächspartner übel.

Wenn Herr Meier jetzt zu KITA übergeht, wird die Situation unbedingt mit einem Sieg und einer Niederlage enden: Entweder Meier siegt, oder aber Huber setzt sich durch, in welchem Falle Meier die Niederlage erlebt.

Deswegen nennen wir die optimale Verhandlungs-Strategie auch in Anlehnung an GORDON (20): die *niederlagenlose* Methode.

SCHLUSSBEMERKUNG ZUM FALLBEISPIEL MEIER/HUBER:

Dieses Beispiel ist tatsächlich passiert. Meier hat gesiegt. Huber war »stocksauer«, er hatte eine »Mordswut im Bauch«, er brauchte mehrere Tage im Urlaub, um sich halbwegs wieder zu beruhigen. (Er ist übrigens auf die Messe gefahren, wobei Sie sich sicher lebhaft vorstellen können, wie »interessiert« er sich dort auf die Kunden eingestellt hat.)

Zwei Wochen nach dem Urlaub passierte »es«: Meier und Huber waren die letzten, die an einem Feiertag abends das Gebäude verließen. Die Firma lag außerhalb des Stadtgebietes, draußen auf der »grünen Wiese«. Nun sprang Meiers Wagen nicht an. Er hatte ein Kabel (da sein Wagen schon öfters Hilfe gebraucht hatte) und bat Huber, an dessen Autobatterie anschließen zu dürfen. Huber wußte sehr wohl, daß die einzige Tankstelle in der Nähe schon geschlossen hatte, daß der nächste Taxistand ca. 13 Kilometer entfernt war und daß Meier nicht mehr ins Gebäude zurück konnte, um zu telefonieren, weil er heute seinen Schlüssel vergessen hatte. Sie können es sich lebhaft vorstellen. Huber ließ Meier »im Stich«. Er hatte sich gerächt.

Mit dem Resultat, daß Meier demnächst das 2:1 herbeiführen wollte, was wiederum einen Gegenschlag Hubers auslösen wird, usw., usw.

Was empfiehlt HERZBERG uns, wenn er von der positiven Motivation spricht: Er empfiehlt uns, dem Esel eine Karotte vor's Maul zu halten, auf daß dieser freiwillig an (mein) Ziel gehe:

Hier wird der »Esel« freiwillig an **mein** Ziel gehen, wenn er die »Karotte« akzeptiert.

Nun ist es sicher leichter, einen Esel zu motivieren, als einen Menschen. Denn: Wenn der Esel Hunger hat, wird er sich durch die Karotte auch motivieren lassen! Aber nur, *wenn* er die Karotte will!

Erinnern Sie sich, daß wir einen Aussagetyp analysiert hatten (Seite 67): »Du willst doch . . . erreichen«?! Hier handelt es sich häufig darum, daß man dem anderen eine »Karotte« anbietet und dann höchst erstaunt (oft sogar beleidigt) ist, wenn dieser unsere Karotte gar nicht will!

Also hat die Karotten-Methode nur dann Aussicht auf Erfolg, wenn ich zuerst herausbekomme, was möglicherweise eine »Karotte« darstellen könnte, ehe ich mein *Angebot* mache.

So logisch diese Schlußfolgerung auch klingt, so regelmäßig wird sie doch in der Praxis vergessen, weil wir nur mit dem Denkhirn auf »Karotten-Suche« gehen können, denn unser eigenes Denken wird so leicht blockiert, lediglich weil jemand nicht sofort bereit war, auf unser Ziel zuzugehen, d.h. unsere eigenen Bedürfnisse zu befriedigen. Und doch meinen wir, eine Verhandlungs-, Verkaufs- oder Motivations-Situation überwiegend logisch, rational, sachlich analytisch zu meistern und empfinden heftigste Unlustgefühle, wenn jemand dies zu bezweifeln wagt. Warum eigentlich stört es uns so sehr? Weil es nicht unserem Selbst-Bild, unserer Definition, die wir uns gegeben haben, entspricht. Weil wir uns eben nur allzuleicht »mit unserer Definition verwechseln«.

Wenn Sie nun fragen, wie die Fragezeichen- bzw. Minus-Situation *denkerisch* gemeistert werden kann, damit wir eine erfolgbringende Strategie entwicklen können (welche Niederlagen weitgehend vermeiden hilft), dann stürzen Sie sich ins fünfte Kapitel. Zuvor jedoch noch eine Frage: *Haben Sie schon mit den Inventur-Übungen begonnen?* Wenn nein: Warum nicht? Und: Werden Sie es noch tun? Wenn ja: Hier sind die nächsten:

4.6. Inventur-Übungen 4a und 4b

4a: Sehen Sie wieder fern und achten Sie bewußt auf die Vielzahl von KITA-Versuchen.

4b: Wenn Sie dann sehr mutig sind, können Sie Ihre Inventur vervollständigen, indem Sie die folgende Checkliste mehrmals fotokopieren und diese dann von Menschen, die Sie *gut* und lange kennen, ausfüllen lassen. Sie selbst füllen auch ein Blatt aus, auf dem Sie festhalten, *wie Sie glauben, daß andere Sie sehen.*

Im folgenden[1] finden Sie eine Bestandsaufnahme. Sie dient dazu, den Eindruck, den Sie von sich selbst haben, mit dem, den andere von Ihnen haben, zu vergleichen. Füllen Sie das Blatt also so ehrlich wie möglich aus. Sie dienen sich ja nicht, wenn Sie hier »optimale« Antworten ankreuzen, wiewohl Sie wissen, daß Sie sich im Alltag anders verhalten. Erst wenn Sie alles gewissenhaft ausgefüllt haben, ziehen Sie eine Vertrauensperson hinzu.

1 Aus: Angewandte Menschenkenntnis, A-Verlag (Selbstverlag), c/o mi-service Abt. E B, Justus-von-Liebig-Straße 1, 8910 Landsberg/Lech

Fragebogen zum Selbst-Portrait:	
Frage 1: Meine Persönlichkeit: Im allgemeinen bin ich . . . (Kreuzen Sie an, was für Sie zutrifft und fügen Sie Attribute hinzu, die Ihrer Meinung nach in unserer Aufstellung fehlen, um Sie exakter zu beschreiben!)	☐ ruhig, ausgeglichen ☐ heiter, gelassen ☐ still, schüchtern ☐ energisch ☐ dominant ☐ dynamisch ☐ redegewandt ☐ unentschlossen ☐ ehrlich, offen ☐ verschwiegen ☐ __________ ☐ __________ ☐ __________ ☐ __________
Frage 2: Zuhören kann ich . . .	☐ ausgezeichnet ☐ nur, wenn mich der andere bzw. das Thema wirklich interessiert ☐ manchmal ☐ schlecht
Frage 3: Wenn mir jemand etwas erzählt oder erklärt, dann . . .	☐ unterbreche ich nie ☐ unterbreche ich manchmal ☐ unterbreche ich häufig
Frage 4: Wenn mir jemand etwas unter vier Augen erzählt, dann schaue ich beim Zuhören . . .	☐ ins Leere ☐ auf den Tisch oder meine Hände ☐ dem anderen in die Augen
Frage 5: Wenn ich beim Sprechen nachdenke, schaue ich . . .	☐ ins Leere ☐ auf den Tisch oder meine Hände ☐ dem anderen in die Augen
Frage 6: Wenn ich nervös oder verärgert werde durch das, was der andere sagt, dann . . .	☐ spiele ich mit einem Gegenstand ☐ male ich »Männchen« . . . ☐ trommle ich nervös mit den Fingern ☐ merkt mir das kein Mensch an
Frage 7: Meine Meinung äußere ich . .	☐ nie ☐ nur selten ☐ nur besten Freunden gegenüber ☐ häufig ☐ immer, ob sie den anderen paßt oder nicht

Frage 8: Mein Verhalten anderen gegenüber (Es geht hier um die Tendenz, nicht um absolute Aussagen): Im allgemeinen verhalte ich mich . . . (Es können mehrere Attribute angekreuzt werden!)	☐ freundlich/höflich ☐ rücksichtsvoll ☐ taktvoll/diplomatisch ☐ rücksichtslos ☐ offen/geradeaus ☐ heimlichtuerisch ☐ geschwätzig ☐ angenehm unterhaltend ☐ intelligent/wachsam ☐ interessant ☐ langweilig ☐ großzügig ☐ geizig ☐ ______ ☐ ______ ☐ ______
Frage 9: Ich habe . . . Vertrauen zu anderen.	☐ kein ☐ viel ☐ wenig ☐ zu viel
Frage 10: Andere haben . . .Vertrauen zu mir.	☐ kein ☐ viel ☐ wenig ☐ zu viel
Frage 11: Meine Stärken sind:	______ ______ ______ ______ ______ ______
Frage 12: Meine Schwächen sind:	______ ______ ______ ______ ______ ______

Nun setzen Sie sich mit einer Vertrauensperson zusammen und überprüfen, wie diese Sie sieht. Je öfter Sie Ihren Eindruck mit dem anderer abchecken können, desto größer wird die Gewähr, daß Sie erfahren, wie andere Sie sehen, desto mehr lernen Sie selbst über sich dabei.

Erfolgskontrolle:

In welchen Fragen stimmt meine Selbsteinschätzung überwiegend mit der Meinung anderer über mich überein? (Einkringeln!)

1 2 3 4 5 6 7 8 9 10 11 12

In welchen Fragen sind andere mit mir uneins: Welche Frage und welche Person? Bitte ausfüllen:

Frage Nr.	Person/Name	Information dieser Person über mich:

(Wenn Platz nicht reicht, Zusatzbogen verwenden!)

Kapitel 5

Die Logik der Verhandlungssituation (= die Strategie)

5.1. Vorbemerkung

Sollten Sie das Buch an dieser Stelle aufgeschlagen haben, ehe Sie das Vorwort und die Kap. 1 – 4 gelesen haben, so wird Ihnen vieles »spanisch« vorkommen. Denn erst das Wissen um die

- *bio*logischen und
- *psycho*logischen

Prozesse erlaubt es uns, auf die logischen einzugehen.

5.2. Logos heißt: das Wort

Kehren wir zurück zu WATZLAWICKs Modell einer Kommunikation (Kap. 2): Wir hatten unterschieden zwischen der Inhalts- und der Beziehungs-Ebene:

Positive Gefühle bzw. »neutrale« Stimmung: Denkhirn kann gut arbeiten.

Wir können uns jetzt der Kopf-Ebene, dem Wort, dem Inhalt zuwenden, den Prozessen, die wir durch Denkhirn-Aktivitäten meistern können, falls unser Rep. nicht zu sehr »dazwischenfunkt«, also unser Denken blockiert (Kap. 1 – 3). Jetzt können wir die Motivationsversuche (Kap. 4) einmal von der Logik her betrachten.

Wieder gehen wir davon aus, daß die Person A etwas von der Person B will. Nehmen wir an, Frl. Antons (A) möchte, daß Ihr Chef (B) ein anderes Verhalten zeigt (Sie dachten doch wohl nicht, daß ein guter Verhandlungspartner nicht auch nach »oben« motivieren könne?):

5.3. Fallbeispiel: Handschrift

Herr Beierlein hat die »unmögliche« Angewohnheit, Frl. A kurz vor Dienstschluß noch einige handgeschriebene Notizen auf den Tisch zu legen. Sie soll diese jeweils am nächsten Morgen zu Briefen/Rundschreiben/Memoranden verarbeiten, während er in der Fabrik ist. Er selbst erscheint erst nach der Mittagspause in seinem Büro.

Nun besteht ihr Problem darin, daß sie seine Schrift stellenweise nicht lesen kann. Das gefährdet ihr Ziel, eine gute Arbeit abzuliefern. Außerdem kostet es sie Zeit und Energien, wenn sie versucht, ihn in der Fabrikhalle anzurufen, um rückzufragen. Weiterhin löst er dann Unlustgefühle in ihr aus, wenn er ihr klar zu verstehen gibt, daß sie ihn in einer wichtigen Angelegenheit unterbricht. Manchmal sagt er direkt: »Mein Gott, können Sie denn kein bißchen selbständig arbeiten?!«

Nun haben wir das Beispiel einer Mitarbeiterin, deren Zielstellungen sich mit denen des Chefs weitgehend decken, also fast eine Plus-Situation (Vorwort). Trotzdem kommt es regelmäßig zu Reibereien. Langsam aber sicher wird sie tatsächlich de-motiviert.

Nun sollte vielleicht noch erwähnt werden, daß dies ein echtes Beispiel ist. Und daß dieser Herr Beierlein im allgemeinen davon ausging, *alle* Mitarbeiter seien sowieso de-motiviert, des-interessiert und nur mit KITA (siehe Kap. 4) zu führen.

Wollen wir diese Situation durchdenken:

1. *Welche Ziele hat der Chef?* Er will die Arbeit schnell und sauber erledigt wissen, ohne wegen »jeder Kleinigkeit« gestört zu werden.
2. *Welche Ziele hat Frl. A?* Sie will ihre Arbeit sauber und schnell erledigen, ohne Herrn B wegen »jeder Kleinigkeit« stören zu müssen.
3. *Gibt es eine Karotte* (Kap. 4), *die Frl. A anbieten kann?* Eindeutig! Allerdings sollte sie nicht davon ausgehen, daß er ihre Karotte auch akzeptiert, ehe sie sich davon überzeugt hat, daß sie die Gesamt-Situation auch »richtig« interpretiert hat, d.h. hier: so wie er.

Wir wissen, wie solche Gespräche in der Praxis meist aussehen: Frl. A wagt normalerweise gar keinen Motivationsversuch. Aber jedesmal, wenn er sie anmeckert, weil sie ihn »belästigt«, wird sie ein wenig »maulen« (in seinen Augen), d.h. sich rechtfertigen (in ihren Augen), indem sie auf die Unlesbarkeit seiner Schrift hinweist. Da er jedoch derzeit bereits Kampfhormone in seinem »Sieb« (Kap. 2) hat, wird er ihre *Beobachtung* als Kritik auffassen. Da er als Chef sich aber von seinen Mitarbeitern nicht kritisieren lassen wird (wo kämen wir denn da hin?!) steht er im psychologischen Nebel (Kap. 2) und nimmt die Information daher auf der Inhaltsebene (mit dem Kopf) gar nicht vollständig wahr:

Negative Gefühle:
Blockade durch
Rep. führt zu
psycholog. Nebel.

Angenommen Frl. A würde verhandlungsstrategisch geschickt vorgehen. Welche Strategie würde sie mit ihrem Denk-Hirn erarbeiten können?

Sicherlich können Sie (mindestens) ebenso gut denken, wie unser spezifisches Frl. A, die ihren Chef wunderbar motivierte. Wollen Sie es versuchen, den Dialog (der Rep.-Reaktionen vermeidet) zu konstruieren, ehe Sie umblättern?

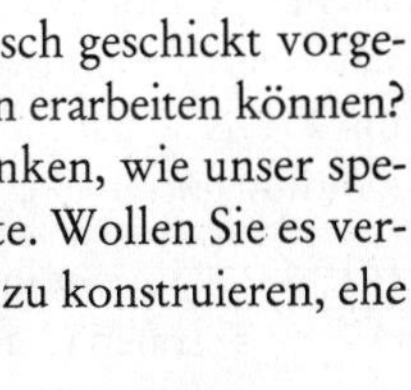

Von der *Logik* her *könnte* der Dialog wie folgt ablaufen:

Frl. A: Wenn Sie wollen, daß ich sauber und zuverlässig sowie selbständig arbeite, dann müssen Sie deutlicher schreiben, Herr Beierlein.

Herr B: Ja, da haben Sie recht, Frl. Antons.

Aber der Mensch wird eben weitgehend von der Biologie und der Psychologie mitgesteuert. Deswegen muß Frl. Antons, wenn sie geschickt verhandeln (motivieren) will, diese Prozesse mit-bedenken und ihre Strategie dementsprechend planen. Im folgenden finden Sie die Situation so geschildert, wie sie sich tatsächlich zugetragen hat. Falls Sie denken, daß Frl. A sich doch »ganz schöne Mühe« geben muß, bedenken Sie bitte zweierlei:

1. Sie ist in der A-Rolle, d.h. *sie* will ja etwas von ihm!
2. Wenn sie jetzt statt der von der Logik her erwarteten 30 Sekunden lieber vier Minuten investiert, *spart sie doch, langfristig gesehen, sehr viel Zeit* (weil sie ihn nicht so oft in der Fabrik anrufen muß) *und sehr viel Energien* (weil sie sich nicht so oft über seine Schrift und über seine unwirschen Reaktionen ärgern muß)!

Hier das Protokoll eines wunderbaren Motivierungsgespräches. Dieses Frl. A war fünf Wochen in der Firma, als sie es führte. Heute ist sie seit zwei Jahren da, und alle anderen Büro-Mitarbeiter fragen sich, warum Frl. A so gut mit »dem Alten« auskommt. Kein Wunder, bei der Verhandlungsstrategie:

Frl. A: (Spricht ihn zu einem Zeitpunkt an, da er sich im positiven/neutralen Gefühlsbereich befindet, siehe Diagramm Nr. 5, Kap. 1, Seite 48): »Herr Beierlein, Sie sind doch daran interessiert, daß ich meine Arbeit schnell und sauber ausführe, nicht wahr?«

Herr B: (Verdutzt, aber nicht verärgert, d.h. nicht im psychologischen Nebel): »Sicherlich, Frl. Antons.«

Frl. A: »Angenommen, ich hätte ein Problem, das mich behindert: Könnte ich da um Ihre Hilfe bitten?«

Herr B: (Vorsichtig): »Das käme drauf an. . .« (Er ist nicht abgerutscht in den negativen Gefühlsbereich).

Frl. A: »Ich mache mir Sorgen, weil ich Ihre Handschrift nicht immer lesen kann. Das bedrückt mich, weil ich Sie so oft stören muß, um rückzufragen.« (Hier geht sie auf sein Bedürfnis, nicht gestört zu werden, ein. Das heißt, sie baut die »Brücke« zu seinem Kreis. Vgl. Diagramm Seite 76).

Herr B: »Na, na, soo schlimm ist meine Handschrift ja auch wieder nicht!« (Geht in Verteidigungsstellung. Aber er hat diesmal die wesentlichen Informationen bereits wahr-genommen!)

Frl. A: (Versucht, durch Tonfall die Beziehungs-Ebene wieder zu verbessern: ruhig): »Ich will Sie ja nicht verletzen, Herr Beierlein, vielleicht ist es meine Schuld. . .«(läßt den Satz unbeendet). Der nächste Moment wird entscheiden. Wenn er jetzt aggressiv wird und behauptet, es sei allein ihre Schuld, ist die Situation (zumindest heute noch) eine Minus-Situation, in der jedes »Weiterbohren« nur eine Niederlage bringen kann. Geht er jedoch auf ihren Tonfall ein, dann hat sie eine Chance:

Herr B: »Na ja, ein bißchen undeutlich ist meine Schrift schon oft, vor allem, weil ich so viele Abkürzungen benütze. . .«
Hier bietet er ihr eine Chance, ihm weiterzuhelfen. Sie geht darauf ein:

Frl. A: »Wie wäre es, wenn Sie mir eine Liste der häufigsten Abkürzungen machen würden, die Sie regelmäßig benützen? Dann käme ich bestimmt besser klar.«
Jetzt hat sie mehrere Vorteile:
1. Beide arbeiten gemeinsam am Problem, welches damit nicht mehr nur »das ihre« ist.
2. Er weiß jetzt, daß nicht Unwilligkeit die häufigen Rückfragen ausgelöst hatten, sondern das Frl. Antons durchaus motiviert ist. Also wird er sich, wenn sie in Zukunft doch mal wieder anrufen muß, nicht so sehr darüber aufregen.
3. Durch ihre Bereitschaft, sich vorsichtig voranzutasten und die »Schuld« sogar auf sich zu nehmen, hat sie erfolgreich verhindert, daß er, wie üblich, ins Rep. abgerutscht ist. Also muß sie sich nicht mit seinen Kampf-Manövern auseinandersetzen, die ja auch in ihr regelmäßig Kampfhormone produziert haben!

Im Vorwort hatten wir fünf Kommunikationsregeln zitiert, die wir weitgehend vermeiden wollen, da eine jede nur dazu beiträgt, den psychologischen Nebel zu verdichten. Wollen wir jetzt die Regeln erarbeiten, die von der Logik her sinnvoll sind. Wobei wir das Vermeiden-Wollen gewisser *bio-* und *psycho*logischer Prozesse zur »Logik« zählen. Denn: Das vorsichtige Taktieren, welches Kampf- und Fluchtverhalten verhindert, muß ja mit »kühlem« Kopf geplant werden.

Alle Regeln werden vom Standpunkt des A aus formuliert:

> **Regel Nummer 1:**
> **Je mehr mir an dem Ziel liegt, das ich zu erreichen trachte, desto mehr Energien muß ich investieren.**

Wir hatten schon herausgearbeitet, daß die Gefahr schlechter Kommunikation proportional zur Wichtigkeit meines Zieles wächst, weil ja durch eine Frustration meines Zieles mehr Energien »frei werden«. Nun benutzen wir unser Denk-Hirn, um eine gute Strategie zu planen, d.h.: wir *kanalisieren* dieselben Energien, mit denen wir (gedankenlos) Kampf-Manöver unsererseits »finanziert« hätten, in eine sinnvolle Ziel-Suche hinein! Jeder Künstler, jeder Könner, jeder Erfolgreiche im Berufsleben hat es verstanden, seine Energien intelligent zu kanalisieren! Unsere Analyse ergibt paradoxerweise also: Je wichtiger mir ein Ziel ist, desto mehr Energien *»besitze«* ich im Augenblick, um »geduldig« zu sein, um strategisch vorauszuplanen, um den anderen zu beobachten, um den Krisenbereich vermeiden zu helfen.

Frl. A hat durch ihre Anti-Nebel-Taktik mehr Energie investiert, als sie investiert hätte, wenn sie gemeint hätte, ihr Problem sei mit Logik allein zu lösen. Paradoxerweise hätte sie das Gespräch jedoch weit mehr Energie gekostet, wenn sie *wirklich* zu ihm gesagt hätte: »Also, wenn Sie wollen, daß ich sauber und zverlässig sowie selbständig arbeite, dann müssen Sie deutlicher schreiben.«

Können wir unsere Strategie in ein Schema kleiden, welches sich dann später auf jede Situation übertragen läßt? Ja.

Allerdings brauchen wir zwei Schemata:

Schema Nummer I	Schema Nummer II
Dieses Schema benötigen wir, wenn wir zu spät bemerken, daß unser Ziel in B Unlust (Kampfhormone) erzeugt hat!	Diese Schema benötigen wir, wenn wir von vorneherein wissen, daß unser Angebot (s. Schema I) Unlust im anderen auslösen wird.

Ein Beispiel: Sie reiben sich vergnügt die Hände und sagen zu B: »Na, wie finden *Sie* denn die letzten Wahlergebnisse?«, um überrascht und erschrocken zu vernehmen: »Was, die finden Sie *gut???!!!*«

Jetzt erst wissen Sie, daß der andere die karierte Partei nicht so gut findet, wie Sie angenommen hatten.

Wir nennen die Aussage, die sein »Nein« ausgelöst hat: ein Angebot. D.h. jeden Gedanken, der abgelehnt wird, nennen wir Angebot, jeden Gedanken, den wir jetzt gern »verkaufen« möchten (siehe Vorwort).

Z.B. wußte Frl. A aufgrund der vorangegangenen Begebenheiten sehr wohl, daß ihr Angebot (ihre Bitte, was seine Handschrift anging) bei Herrn B Unlust auslösen würde.

Z.B. wissen Sie *nach* dem Ausbruch B's (Schema I), daß er die karierte Partei unmöglich findet.

Z.B. weiß die Mutter, daß ihr Kind keinen Spinat und ihr Mann keinen Nudelauflauf mag.

Z.B. wußte *Carter*, daß Mexiko ihm nicht nur Erd*öl*, sondern auch Erd*gas* (siehe Vorwort) verkaufen wollte.

D.h.: A weiß, daß sein Angebot Ablehnung auslösen wird. A weiß, daß sich eine Fragezeichen- oder Minus-Situation (s. Vorwort) ergeben wird.

A weiß, daß er *Energien weise* investieren muß, will er seine Erfolgschancen nicht verpatzen/verringern.

5.4 Niederlagenlose[1] Methode: Schema I

Hier steht das Angebot schon im Raum. Die Hauptaussage ist bereits gefallen. Wir haben unsere Bitte schon erwähnt. Wir haben schon eine »Karotte« angeboten. Wir haben uns getäuscht. Wir meinten, wir würden ein Ja erhalten.

1 Wir nennen unsere Methode in Anlehnung an GORDON (20) eine »niederlagenlose«.

Dieses heutige Nein kann von zwei Faktoren abhängen:

1. B sagt Nein, weil er andere Meinungen/Ziele vertritt, was wir nicht wußten, weil wir B noch nicht genug kennen.
2. B sagt heute Nein, wiewohl wir aufgrund vergangener Erfahrungen sehr wohl davon ausgehen konnten, daß er Ja sagen würde. Vielleicht reagiert er sich jetzt bei uns ab (vgl. Ab-Reaktion, S. 84).

Also müssen wir uns fragen, welcher Faktor wohl dieses Nein ausgelöst hat. Beim letzten Faktor hieß es vorsichtig sein, denn B befindet sich *derzeit* im psychologischen Nebel. Er ist auf Kampf eingestellt. Nein-Sagen gehört oft zu Kampf-Manövern, insbes. wenn dieses Nein nach-*drück*-lich gebracht wird. Hier kann man auch körpersprachliche Signale beobachten, die zur (hier: negativen) Beziehungsebene gehören.

Auf alle Fälle müssen wir jetzt eine strategische Entscheidung treffen: Mache ich weiter, oder lasse ich es bleiben?

Leider machen die meisten Menschen sofort weiter, wie Sie, wenn Sie die Inventur-Übungen schon begonnen haben, sicher inzwischen bemerken konnten. Dieser Prozeß ist so universalgültig (in *unserem* »westlichen« Kulturkreis), daß er in Fernseh-Spielen/Filmen von den Autoren genauso eingeplant wird (unbewußt), wie er in der Wirklichkeit abläuft. In diesem Punkt sind die Spielfilme und Krimis sehr wirklichkeitsnah!

Denken Sie vielleicht auch an unsere Diskussion am Ende des zweiten Kapitels (Wirklichkeiten zweiter Ordnung, Unsicherheit, wenn jemand anders denken, fühlen oder handeln möchte [MASLOW II], der Druck, »normal« zu sein) sowie an die Analyse der indirekten Kampfmanöver (Seiten 65 ff), ehe Sie die Entscheidung treffen?

Denn die nächste Regel lautet:

Regel Nummer 2:
Es muß sich lohnen zu versuchen, B von meinen Angeboten zu überzeugen, und zwar für beide.

Ein Mann kommt in einen Gemischtwarenladen. Wohin er auch blickt, sieht er Salz. Salz in kleinen Kartons, mittleren Kartons, großen Kartons. »Kann ich Ihnen helfen?« fragt der Besitzer des Ladens. »Ja, haben Sie Senf?«

»Sicher«, nickt der Geschäftsmann, »im Keller. Ich hole ihn.« Der Kunde schlendert mit dem Geschäftsmann bis zur Kellertüre. Von dort aus kann er einen großen Teil des Lagers übersehen: Salz, Salz und nochmals Salz.

Als der Gemischtwarenhändler mit dem Senf zurückkommt, zahlt unser Kunde. Beiläufig fragt er: »Sie müssen ja wohl sehr viel Salz in dieser Gegend verkaufen?« Aber da schüttelt der Ladenbesitzer energisch den Kopf: »Ich kann überhaupt kein Salz verkaufen«, sagt er erbost, »aber der Typ, der *mir* das Salz verkauft hat, *der* kann verkaufen!«

In diesem Beispiel hat es sich für den *Kunden* des Salzverkäufers nicht gelohnt. Leider denken zu viele Berater (auch so mancher Verkaufsdirektor oder gar Firmenchef) ebenso kurzfristig! Sie »stopfen« den Markt voll, sie wollen heute die Regale füllen, damit der nächste Quartals- oder Jahresbericht gut aussieht. Langfristig gesehen ist dies allerdings eine gefährliche Strategie!

Wie sieht die Regel, daß es sich für beide Gesprächspartner lohnen sollte, im Bereich von Meinungsverschiedenheiten aus?

Angenommen jemand argumentiert recht »stur« und rechthaberisch. (Sollten Sie das Experiment auf Seite 58 durchgeführt haben, dann wäre das Angebot der Wandfarbe ein recht gutes Beispiel.) Angenommen er überredet B auch tatsächlich. Was hat er dann davon?

Er hat viele Energien (sowohl seine eigenen als auch die von B) *verschwendet*, um *einen an sich unwichtigen* Punkt abklären zu können.

Eines unserer Experimente verlief einmal wie folgt. (Hier nur die ersten Sätze.)

B: Also, da ging ich durch Las Palmas, und wie ich an so einem gelben Haus vorbeikomme, wie die Wand da, da kommt. . .
A: Die Wand ist nicht gelb. Sie ist beige.
B: Ist ja egal. Außerdem ist sie gelb. Auf alle Fälle, da ko. . .
A: Red' doch keinen Stuß. Natürlich ist sie beige.

Hier hätte A, hätte er sein Denkhirn benützt, eine andere Entscheidung treffen sollen. Denn: B wollte ja nur eine Geschichte erzählen. Ein Abenteuer in Las Palmas. Am Ende des Streitgespräches, welches sehr lange dauerte und immer erhitzter wurde (weil sich nun auch die anderen Tischgenossen einmischten) hatte niemand mehr Lust über Las Palmas zu reden, weil nämlich alle ziemlich »sauer« geworden waren. Die A-Partei, weil die Wand doch beige war! Die B-Partei, weil sie doch gelb war . . .!

Wenn wir nun die Entscheidung treffen, *nicht* weiterzumachen, da es sich nicht für beide Parteien lohnen wird, ist dieser Vorgang beendet.

Wollen wir jedoch weitermachen, dann wissen wir ja jetzt, daß unser Angebot Unlust, Ablehnung, Entrüstung, Ärger etc. auslösen wird. Also fragen wir den anderen, was ihn stört.

Regel Nummer 3:
Wenn der andere ablehnt, versuche ich zu erfahren, warum er ablehnt.

Von der Logik her sehr einleuchtend! Nur ist solches Verhalten, wie Sie sicher inzwischen beobachtet haben, eher selten, weil eben die *Bio*- und die *Psycho*logik so oft »dazwischenfunken«.
Wir fragen also:

- Warum meinst Du das?
- Wie siehst Du das denn?
- Darf ich den Grund für Ihre Ablehnung erfahren?
- Könnten Sie mir sagen, was Ihnen daran nicht gefällt?

usw.

Achtung: Formulieren Sie so eine Frage aggressiv, wird sie zum Angriff. Dann hat doch das Reptil gesiegt. Zum Beispiel:

- Was *paßt* Dir denn nicht, he?!
- Warum meinst *Du* das?

Hier haben wir eine in Geschenkpapier verpackte Keule, die wir schwingen, so daß es uns nicht erstaunen darf, wenn der andere mit dem »Bauch« (Kampfhormonen) reagiert. Gerade bei Eheleuten kann man solche Dialoge oft verfolgen, weil hier der Tonfall eindeutiger aggressiv wird. Bei Verhandlungs-Partnern im Berufsleben wird der angreifende Tonfall meist etwas subtiler versteckt. Aber er ist vorhanden und »reizt« den anderen zum Widerspruch, zum Gegenangriff. Dann hat das Gegeneinander begonnen.

Regel Nummer 4:
Wer fragt, führt!

Aber: Fragetechnik setzt ausgezeichnete Denkhirn-Tätigkeiten voraus. Warum?

1. Weil der Fragende den besseren Überblick haben muß als der Antwortende.
2. Weil eine Fragetechnik nutzlos wird, wenn man falsch fragt (siehe unten).
3. Weil man auch zuhören können muß!

Was heißt »falsch« fragen? Seit der Satz: »Es gibt keine dummen Fragen, nur dumme Antworten« zum Allgemeingut geworden ist, meinen viele, das Fragen sei leicht. Wenn es so leicht wäre, würde mehr gefragt werden. Und viel mehr »gut« (= erfolgreich) gefragt werden. Hier einige schlechte Fragen:

Chef: »Ich hätte mich gerne mal mit Ihnen darüber unterhalten, warum Sie in letzter Zeit öfter mal zu spät kommen. . .«
Mitarb.: (will sprechen)
Chef: ». . . Ich habe das nämlich beobachtet, wissen Sie. . .«
Mitarb:: (will sprechen)
Chef: ». . . Hat es was mit Ihrer Familie zu tun?«
Mitarb.: »Ich. . .«
Chef: (unterbricht) ». . . Wir sind da nämlich sehr offen, wissen Sie. Wenn unsere Mitarbeiter Probleme haben, können sie immer ehrlich mit uns darüber reden. . .«

Und so weiter, und so fort!
Wenn Sie Ihre Inventur-Übungen fortsetzen wollen, hier ist noch eine.

5.5. Inventur-Übung Nr. 5a

Beobachten Sie in der nächsten Woche alle Frage-Sendungen im Fernsehen, die Sie sehen können. Z.B. hatte Robert *Lembke* die Angewohnheit, den »Kandidaten« zu befragen, um ihm dann ins Wort zu fallen und die Frage zu erweitern bzw. selbst zu beantworten. Viele Reporter stellen ellenlange Fragen, die sie z.T. selbst beantworten. Auch die »Moderatoren« in unseren wenigen Talk-Shows neigen dazu.

Hier noch eine schlechte Frage:

Meier: »Also, Herr Huber, wie wollen Sie es handhaben? Werden *Sie* mit McLaughlin sprechen, oder wollen Sie mich lieber auf der Messe vertreten?« (Kap. 4).

Die sog. Alternativ-Frage, die dem B nur die Wahl zwischen zwei Möglichkeiten läßt, ist *nicht per se* eine schlechte Frage. Nur, hier *am Anfang*, wo wir noch gar nicht wissen, *ob* Huber überhaupt bereit sein wird, seinen Urlaub uns zuliebe zu verlegen, ist sie strategisch höchst *ungeschickt*, denn sie mißachtet die *bio-* und *psycho*-logischen Prozesse vollkommen!

Hier eine weitere schlechte Frage:

Berater: »Wie Sie wissen, lösen besonders digitale Signale häufig kognitive Dissonanz bei den Probanden aus, deshalb hat unsere Methode. . .«

Diese Art von Frage ist *immer dann schlecht*, wenn der Berater einfach unterstellt, daß der Kunde weiß, wovon er redet. Das ist im obigen Beispiel (Berater ist Psychologe einer Unternehmensberatung) nicht der Fall. Ähnliche Fragen stellen viele Fachleute, wenn der Kunde nicht aus ihrem Fach ist. Zum Beispiel:

- Berater für physiotherapeutische Geräte beim Arzt: Der Arzt ist kein Elektro-Techniker!
- Pharma-Referenten: Hier besteht z.B. die Gefahr der falschen Frage bei Präparate-Einführungen von Spezialbehandlungen auf Enzymbasis, wenn der Arzt ein *Allgemein*-Arzt ist, dessen Ausbildung vor 34 Jahren beendet war.
- Techniker, die Kaufleuten ein Gerät erklären sollen.
- Fachberater im Fachgeschäft, die den Laien (in ihrem Fachgebiet) beraten.
- Lehrer, die Eltern mit ihren pädagogischen Spezial-Wörtern »bewerfen«.
- Marketing-Strategen, die dem Außendienst ihre neue Strategie »verkaufen« wollen.
- Ausbilder, die den Auszubildenden mit Begriffen belasten, die ihnen geläufig sind, die der junge Mensch aber noch nicht kennen kann.
- Insider[1], die mit Außenstehenden (oder mit neuen Mitarbeitern) sprechen und dabei Firmenjargon verwenden.

---

[1] Leute, die *innen* sind, also sich in einem Gebiet, einer Firma auskennen.

Ein schönes Beispiel für diese Art der Formulierung fand ich in einer Werbung der BILD-Zeitung im Marketing-Journal Nr. 1, 1979. Hier zitiert BILD die Antwort eines gewissen »Dr. O. E.« auf die Frage, wieso Anzeigen in BILD eine größere Chance hätten, »gefressen« zu werden:

Die relative Effizienz kumulierter Kommunikationssubstrate basiert auf der funktionalen Relation zwischer der absoluten Kapazität des Rezipienten und dem quantitativen Thesaurus offerierter Informationen.

Dann »übersetzt« BILD diesen Satz in BILD-typische Sätze:
Je größer der Körner-Haufen ist, den man einem Huhn präsentiert, um so mehr Körner frißt es. Aber das ist vom Standpunkt des Huhnes aus gesehen. Sieht man es vom Standpunkt des Kornes aus, so sinkt seine Chance, gefressen zu werden, mit der zunehmenden Menge an Körnern.

WATZLAWICK (46) unterscheidet in diesem Zusammenhang zwischen »digitalen« und »analogen« Signalen. Digital heißt: symbolisch, analytisch, wie zum Beispiel das Wort »kognitiv« oder die Ziffer »5«. Hier zitiert er BATESONs Satz: »Die Zahl fünf hat ja nun nichts besonders fünfartiges an sich.« Alle Digital-Informationen können also nur von dem verstanden werden, der die *Symbole kennt*, im Gegensatz zu Analog-Signalen, welche »bildlich« sprechen, welche an-*schau*-lich sind, welche es uns möglich machen, zu begreifen, uns ein Bild zu machen. Beispiel:

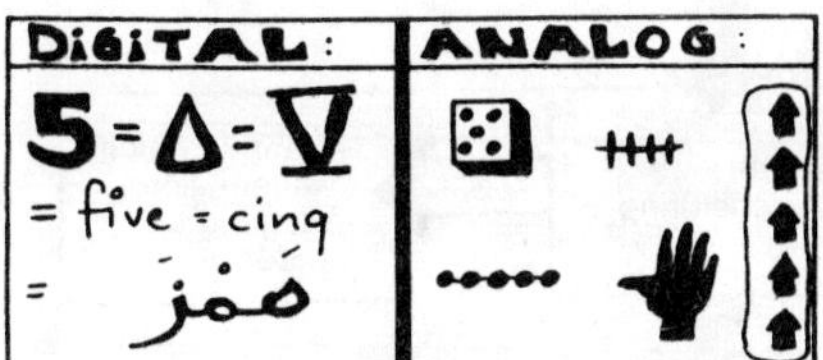

Digital — Analog: verschiedene Darstellungsweisen für »fünf«.

Als Faustregel können wir sagen: je »fachmännischer« ein Fachmann auf einem Spezialgebiet ist, desto wahrscheinlicher ist es, daß er sich regelmäßig gewisser (Digital-)Wörter bedient, die nur Insidern bekannt sind.

Um die niederlagenlose Methode, Schema I, zusammenzufassen:

Schema I

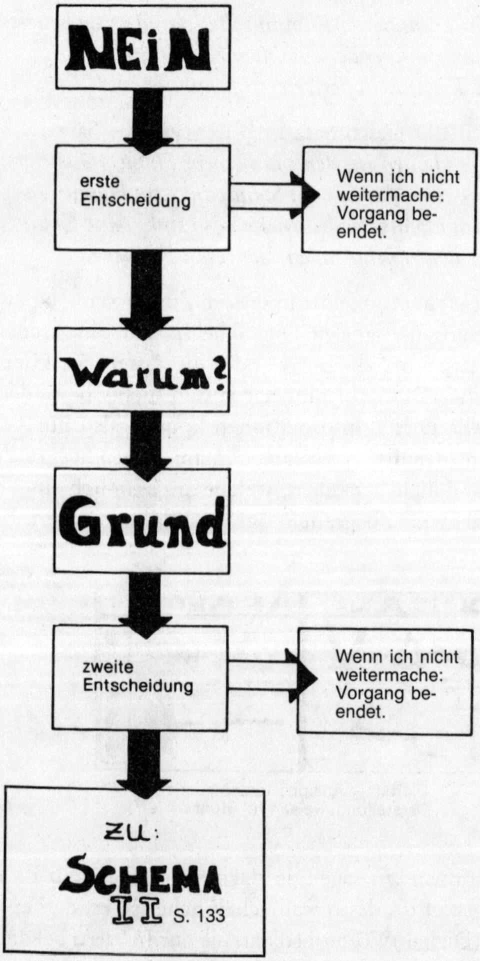

1. Nein!
   (D.h., wir sind von der Ablehnung B's überrascht worden.)
2. Erste Entscheidung: Lohnt es sich (für uns beide), daß ich weitermache? Wenn nicht, dann ist dieses Schema hier beendet. Wenn ja, dann zu 3.
3. Warum (nicht)?
   Ich versuche erstens zu erfragen, was B denkt, wobei ich eine kurze klare Frage ohne unverständliche Digital-Worte verwende.
   Ich höre zweitens aufmerksam zu. Vielleicht stelle ich Zusatzfragen, damit ich wirklich erfahre, worauf es B ankommt.
4. Zweite Entscheidung: Können seine und meine Ziele verbunden werden? Habe ich wirklich eine Karotte anzubieten? Lohnt es sich wirklich? Ist sein Widerstand nicht größer und berechtigter, als ich zunächst angenommen hatte?
   Wenn ich mich entscheide weiterzumachen, dann zu Schema II.

5.6. Niederlagenlose Methode: Schema II

Ausgangsposition: Ich weiß:

- was B ablehnt, und
- warum er es ablehnt.

Je mehr seiner Gründe ich erfahren konnte, desto besser ist es. Stellen wir uns diesen strategischen Schritt wieder bildlich vor.

A hat ein Ziel. B sagt Nein, d.h. er gefährdet A's Ziel. Nun hat A jedoch ein *Argumenten-Köfferchen*, in dem sich alle Begründungen befinden, die seiner Meinung nach für sein Ziel sprechen.

B hingegen hat eine *Argumenten-Truhe* mit Gegenargumenten, die immer weit größer (voller) ist, als A's kleines Köfferchen. Warum?

Erstens, weil A ja etwas von B will. A ist gezwungen, überzeugende Argumente zu verwenden. B hingegen kann auch die unsinnigsten Gegenargumente bringen. Und zweitens, weil A ja in den Kreis (siehe Kap. 3) von B »hineinzielen« muß, B jedoch seinen Kreis besser kennt, als A ihn je zu kennen erhoffen kann.

Vielleicht haben Sie Unlustgefühle empfunden, als Sie meine Behauptung lasen, daß B auch unsinnige Argumente bringen darf. Vielleicht haben Sie ein Vor-Urteil, welches besagt, daß B rational zu sein habe. Warum denn? B ist ja der, der motiviert *werden* soll. Für ihn gelten daher auch andere Spiel-Regeln. Zum Beispiel:

Anton: »Gib mir doch mal dein rotes Spielzeugauto, Bernd.«
Bernd: »Neee.«
Anton: »Warum denn nicht?« (strategisch richtig).
Bernd: »Weil ich nicht will!« (B's Argument).
Anton: »Das ist doch kein Grund, Mensch, wenn ich's doch mal eben brauche, um zu sehen, ob es unter der Brücke hier durchgeht. Du kriegst es ja gleich wieder!« (Er hat den in seinen Augen unsinnigen, »doofen« Grund von B nicht akzeptiert. Aber er hat zwei Argumente aus seinem Köfferchen herausgeholt: 1) ich brauche es zum Testen, und 2) du kriegst es ja gleich wieder.)
Bernd: »Wenn ich nicht will, will ich nicht.« (Das ist typisch: Nichtbeachtete Argumente werden häufig wiederholt.)
Anton: »Ich hab doch gesagt, daß das kein Grund ist!« (Geht noch immer nicht auf die Bedürfnisse von B ein, den er ja motivieren will.)
Bernd: »Für mich ist es einer.«
Anton: »Ist aber keiner!«
Bernd: »Für mich schon.«
Anton: »Für mich aber nicht!!!«
Bernd: »Das ist dein Problem.«

Womit B hundertprozentig recht hat. Von der Logik her. Aber von der *Bio*-logik und von der *Psycho*-logik her gefällt uns das oft nicht besonders. Was den Tatbestand leider nicht verändert:

A's Argumenten-»Köfferchen« B's »Truhe« voller Gegenargumente

5.7. Fallbeispiel: Urlaubsberatung

B will in Urlaub fahren. Er weiß allerdings noch nicht, wo er hin will. Er möchte sich beraten lassen. Er geht in ein Reisebüro.

A ist Urlaubs-Verkäufer, wenn man so will. Er hat viele Angebote. Aber: Wie in vielen Branchen, hat unser A auch *Sonderangebote.* Manche sind gute Sonderangebote für den Kunden, manche sind »Ladenhüter«, die man gern als Sonderangebot »verpackt« anbietet:

A's Aufgabenstellung derzeit lautet: »*Wen* du kannst, schickst du nach Griechenland, in unser Vertragshotel dort. Wenn wir die Quota nicht füllen, verlieren wir den Vertrag.«

Eine alltägliche Situation, die sich tatsächlich zugetragen hat, und die sehr alltäglich ablief, wie Sie gleich sehen können.

Zur Ausgangsposition noch: A's Argumenten-Köfferchen war mit folgenden Argumenten »gefüllt«:

1. Billig.
2. Herrliches Wetter.
3. Alle In-Leute gehen derzeit dorthin.
4. Großer Strand, direkt am Hotel (wirklich!).
5. Ausgezeichnete griechische *und* deutsche Küche.
6. Das Personal ist (oder spricht) deutsch, so daß reibungslose Kommunikation mit Deutschen gewährleistet wird. (A meint natürlich, vom Vokabular her.)
7. Zwei große Bars, davon eine mit einer Riesentanzfläche.
8. Kindergarten für die Kleinen, damit Eltern auch mal etwas ausspannen können.
9. Besonders günstige Hin- und Rückflug-Pauschalpreise mit regulären Linienmaschinen.

B kommt in das Reisebüro, sieht, daß alle Berater beschäftigt sind. Niemand grüßt ihn. Endlich sieht Herr A unseren Kunden und deutet auf einen Stuhl: »Moment noch, bitte.« Der Moment dauert 6 Minuten. Na schön.

A: Womit kann ich dienen?
B: Tjaaa . . . also, wegen eines Urlaubs. Da hätte ich mich gern einmal informiert.
A: Schon etwas Bestimmtes im Sinne?

B: Eigentlich nicht. Ich wollte mal sehen, was es da alles so für Möglichkeiten gibt.

A: (strahlt und öffnet sein Köfferchen). Also, da schlage ich Ihnen Griechenland vor. Da haben wir derzeit ein hervorragendes Sonderangebot. Sehr preiswert!

A hat das erste Argument aus dem Köfferchen geholt

B's Gegenargumente

B: Also wissen Sie, Geld ist dieses Jahr überhaupt nicht wichtig. Ich habe da nämlich. . .

A: (unterbricht): Aber Sie haben dort ein herrliches Wetter. Traumhaft, sage ich Ihnen!

A hat sein erstes Argument **verloren** und holt sofort sein zweites hervor!

B: Ja aber es muß doch woanders auch schönes Wetter geben?! (Päng).

A: (leicht gereizt). Aber alle unsere Kunden sind dort begeistert (sozialer Druck, Kap. 3). Außerdem steht es im Stern-Reisejournal, und die sind sehr wählerisch. Also, wirklich, Griechenland ist sehr »in« heuer!

A hat auch sein zweites Argument verloren und holt sofort sein drittes hervor!

B: Ja, aber das interesssiert mich wirklich nicht, wo *man* hinfährt!

A: (etwas lauter): Sie haben dort einen wunderbaren Strand direkt am Hotel. Wirklich, sehen Sie mal hier! Das ist keine Trickaufnahme! Außerdem gibt es dort eine ausgezeichnete griechische und deutsche Küche. . .

A hat sein drittes Argument verloren und schlägt jetzt gleich **doppelt** zu, mit Argumenten Nr. vier **und** fünf!

B. (etwas hilflos): Ja aber, haben Sie denn nur Griechenland anzubieten? Ich dachte, ich könnte mich hier beraten lassen?

A verlor auch diese beiden Argumente. Sein Köfferchen wird immer leerer. B hingegen hat noch »massenhaft« Gegenargumente!

A: (Auf seinen Prospekt deutend, allerdings mit ziemlich aggressiver Gestik): Also, die Leute dort sprechen hervorragend deutsch. Da brauchen Sie sich keine Sorgen zu machen.

Als A auch noch das sechste Argument herausholen will, »platzt B der Kragen«: Er geht jetzt zu Kampf über, weil seine Kampfhormone fließen (s. Kap. 2).

B: Also, jetzt reicht es mir! Ob ich mit dem Personal im Ausland auskomme, können Sie gar nicht beurteilen! Zufällig habe ich noch nirgendwo Sprachprobleme gehabt! Außer mit Ihnen! Sie sprechen nämlich eine Sprache, die mir nicht gefällt!

Damit erhebt sich B und geht hinaus.

Wir hatten diese »Probe-Beratung« in einem Reisebüro inszeniert, in dem eine Woche später eine Schulung stattfand. Deswegen konnten wir A's Verhalten später mit ihm gemeinsam analysieren. Er sagte dann, so stur verhalte er sich sicher nicht oft, er habe halt damals einen schlechten Tag gehabt. Sicher, aber: Wieviel Tage können wir uns leisten? Einen im Jahr? Zehn? Fünfzig?[1]

Angenommen, wir versuchen Schema II anzuwenden. Wie sähe es aus?

Schritt 1: Wir sammeln »Gegen«-Argumente aus B's Truhe, ehe wir unsere eigenen Argumente zeigen. (Jeder Kartenspieler kennt diese Strategie.)

Schritt 2: Wir entscheiden uns innerlich: Kann ich seine und meine Ziele verbinden? Kann ich seine Argumente benützen, um meine darin zu »verpacken«? Merke: *Nichts überzeugt B mehr, als seine Argumente noch einmal aus dem Munde A's zu hören.*

Schritt 3: Brauche ich noch mehr Information, ehe ich meine Entscheidung treffen kann? Wenn Ja: Fragen stellen. Wenn Nein: Kontrollfragen stellen.
Diese Kontroll-Frage hat eine ganz konkrete Funktion: Sie klärt ab, ob wir B richtig verstanden haben. Hier kann er korrigierend eingreifen, wenn es ein Mißverständnis gegeben haben sollte, oder wenn er selbst jetzt merkt, daß er einen wichtigen Aspekt vergessen hatte.

Schritt 4: Das Angebot machen, indem ich auf die *Vorteile für B (!)* hinweise. Denn jetzt weiß ich ja, worauf er Wert legt.

---

[1] Erinnern Sie sich an unseren Druckmaschinen-Berater (siehe Vorwort)? Auch er hat damals ausnahmsweise seinen »schlechten Tag« gehabt. Nur: Er hat gewußt, daß er beobachtet wurde. Der Reisebüroberater hatte zunächst keine Ahnung davon.

FALLBEISPIEL: ZU SCHEMA I

A: Könntest Du mal bitte schnell die Tafel für mich wischen?
B: Sei mir nicht böse, den Gefallen kann ich dir nicht erweisen.
A: Warum nicht? (Wichtig: der Tonfall darf weder ungeduldig, noch aggressiv sein!)
B: Weißt Du, ich habe eine Allergie gegen Kreide. Da kriege ich dann so Pickel und so. Sehr unangenehm.
A: (Trifft die Entscheidung aufzugeben, d.h. die Situation als Minus-Situation zu interpretieren.) O.k., dann mach ich es selbst.
B: (im positiv/neutralen Bereich geblieben [s. Diagramm, S. 123]) Aber den Papierkorb könnte ich derweil für Dich ausleeren.
A: Danke. Das ist lieb von Dir.

FALLBEISPIEL: VON SCHEMA I ZU SCHEMA II

5.8. Fallbeispiel: Interferenzstrom-Therapie

A: Die Vorzüge der Interferenz-Therapie leuchten Ihnen doch sicher ein, Herr Doktor?
B: Nein, eigentlich nicht.
A: Darf ich fragen, welche Bedenken Sie haben?
B: Ich verstehe noch nicht, inwieweit Sie glauben, das Problem möglicher Hautverätzungen gelöst zu haben.
A: (Kennt jetzt ein Gegenargument, will sehen, ob es weitere gibt): Ist das Ihre Hauptsorge, Herr Doktor?
B: Abgesehen von dem Preis Ihres Gerätes, ja.
A: (Entscheidet sich, zu Schema II überzugehen. Zwei Gegenargumente hat er erfahren. Er geht zu Schritt 2 über und entscheidet sich innerlich, weiterzumachen. Schritt 3: Braucht er weitere Informationen von B? Er meint, nein. Also geht er zu Schritt 4 über, zur Kontrollfrage): Wenn ich Sie richtig verstanden habe, Herr Doktor, dann würde Sie die Interferenzstrom-Therapie u.U. interessieren, falls Sie sicher sein könnten, daß *keine Verätzungen* auftreten können und falls sich das Gerät für sie *rentieren* würde, was die Kassenabrechnungen angeht?
B: Ja, allerdings fällt mir noch etwas ein: Ist das Gerät gut zu transportieren? Ich würde es nämlich in zwei Kabinen einsetzen wollen.

A: (Hat ein zusätzliches Argument aus B's Truhe gelockt. Jetzt sieht die Situation wie folgt aus:)

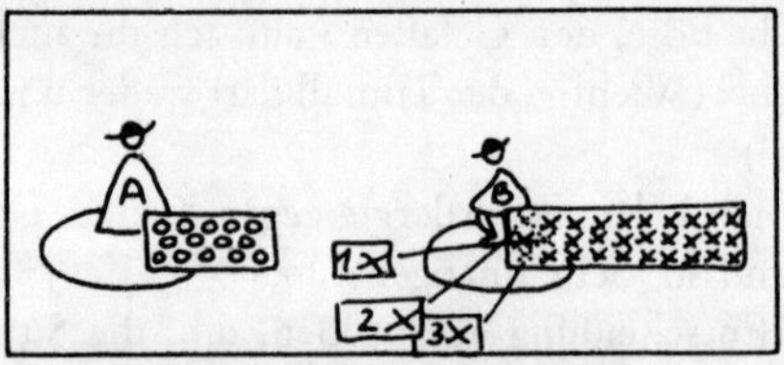

Nun sind bereits drei Argumente von B bekannt, ehe A auch nur eins seiner Argumente »zeigen« mußte!

(Wenn A weiß, daß er drei gute *passende Argumente* hat, die er in die des Doktors »verpacken« kann, wird er den Kunden höchstwahrscheinlich überzeugen können. Er versucht es.):

Also, Herr Doktor, fangen wir beim letzten Punkt an. Wenn Sie das Gerät leicht kippen, so (führt es vor), dann können Sie es sehr leicht schieben. Sogar Ihre M.T.A. kann das Gerät spielend transportieren. (Er hat gezeigt, wie gut er die Alltags-Situation des Arztes kennt, denn die Physio-Therapie wird meist von den Helferinnen mitgehandhabt.) Was die Rentabilität angeht, so erlaubt die Kasse eine XCV (eine Kennziffer, die der Arzt kennt), so daß Sie pro Behandlung auf XX DM YY Pfennige kommen.

B: (Nickt interessiert. Ein Signal der Beziehungsebene, welches Interesse signalisiert. Interessanterweise schien er nicht *so* interessiert, als das Transportproblem erläutert wurde!)

A: Und nun zum Hauptpunkt: Hautverätzungen können bei zweipoligen Reizstromgeräten auftreten, weil sie ja mit 0 – 100 Hertz in die Haut müssen, nicht wahr?

B: (Weiß, daß das der medizinisch wirksame Bereich ist. Weiß aber auch, daß der Hautwiderstand gerade gegen diesen Bereich oft »kämpft«. Er nickt zustimmend.)

A: Deswegen gehen wir mit 4000 Hertz in die Haut. Dadurch kann es gar nicht zu Verätzungen kommen. (Hier beobachtet er den Arzt genau. Zieht derselbe bei den Worten »4000 Hertz« fragend die Augenbraue hoch, weil er nicht versteht, warum es zu keiner chemischen Verbrennung kommen kann, so muß A auch dies erklären. Aber der Arzt nickte wieder.)

B: Nun frage ich mich nur, wo Sie dann Ihre 0 – 100 Hertz herbekommen. (Eine sachliche Frage, aus dem Denkhirn des Arztes.)

A: Das ist gerade das Raffinierte an der Interferenz-Strom-Therapie, Herr Doktor. Sehen Sie hier: Wir haben nicht einen, sondern zwei Stromkreise. (Deutet auf zwei weiße und zwei rote Kabel.) Die Elektroden (deutet) legen wir so an, daß die Stromkreise sich überschneiden, wie hier: (Ein Bild im Prospekt).

B: Beide Stromkreise haben 4000 Hertz?

A: Ja und Nein. Einer hat 4000 Hertz konstant. Aber der andere ist von 4000 bis 4100 Hertz variabel...

B: Ah, ja! Das meinten Sie vorhin, als Sie davon sprachen, daß sie die 0 – 100 Hertz endogen (=im Körper) erzeugen würden?

A: Genau, Herr Doktor.

Wissen Sie, wie solch ein Gespräch auch oft ganz anders verläuft?

A: Die Vorzüge der Interferenzstrom-Therapie leuchten Ihnen doch sicher ein, Herr Doktor?

B: Nein, eigentlich nicht.

A: (Hatte gerade eine längere Erklärung abgegeben. Nun leicht ungeduldig): Wie ich schon gesagt habe, erzeugen wir die 0 – 100 Hertz ja hier *endogen* ...

B: (Lehnt sich abrupt gegen die Wand, verschränkt die Arme und blickt von A weg auf das Gerät, sendet also Signale der Beziehungsebene, welche Unbehagen signalisieren, siehe Kap. 2.)

A: (Spricht unbekümmert weiter) ... indem wir zwei Stromkreise so überlagern, daß im Schnittpunkt das Interferenz-Feld entsteht.

B: Trotzdem. Es wird *immer* zu Hautverätzungen kommen! (Eine sachlich unrichtige Aussage eine Wirklichkeit erster Ordnung betreffend, siehe Kap. 2.)

A: (Beginnt jetzt, die Diskussion zu gewinnen, aber darüber den Kunden zu verlieren): Ja, aber *nur* bei unsachgemäßer Handhabung der Elektroden...

B: Das ist es ja gerade! Ich müßte mich da ganz auf meine MTA verlassen, und *das Risiko ist mir zu groß!*

A: Ja, aber Herr Doktor...

B: Im übrigen ist Ihr Gerät auch ziemlich teuer, meinen Sie nicht, wenn Sie ehrlich sind?

Jetzt ist das Gespräch für A schon fast verloren. Der Arzt hat eine indirekte, höchst subtile Kampf-Strategie angewendet, indem er A in die Bezugsfalle lockte. Wenn A nun sagt, der Preis sei nicht zu hoch, kann B seine Ehrlichkeit bezweifeln. Stimmt er hingegen zu, hat der Artz ein wunderbares Gegenargument in der Hand. Weil er später immer sagen kann: »Aber Sie haben doch selbst zugegeben. . .«

Regel Nummer 5:
Wenn B zu unfairen Kampfmaßnahmen greift, muß ich mich mit diesen so analytisch wie möglich auseinandersetzen, wenn ich strategisch geschickt vorgehen will.

Meist aber führen solche Strategeme zu Gegen-Kampf. Druck erzeugt Gegendruck. Wobei wir nicht vergessen dürfen, daß der Druck des Arztes bereits der Gegendruck auf A's Strategie gewesen ist!

LETZTES FALLBEISPIEL: DER URLAUBSVERKAUF

Wieder sind die Argumente unseres Beraters dieselben (siehe Seite 113). Aber diesmal ist seine Strategie eine niederlagenlose:

B: Womit kann ich dienen?
A: Tjaa. . ., also, wegen eines Urlaubs. Da hätte ich mich gern mal informiert.
A: Haben Sie schon konkrete Vorstellungen?
B: Nein. Ich wollte einmal so sehen, was es gibt.
A: Fein. Wann wollen Sie denn reisen?
B: Im September, nach der Hauptsaison. Meine Kinder sind nämlich schon aus dem Schulalter heraus, wissen Sie.
A: Werden Sie mit den Kindern fahren, mit der Familie?
B: Ja, also meine Frau und ich, mein Sohn Michel, und dann nehmen wir noch das Kind meiner Schwester mit.
A: Wie alt ist dieses Kind denn, wenn ich fragen darf?
B: (Lächelt) Sicher, sicher. Sie wird im Herbst vier.
A: Aha. Dann wären Sie vielleicht an einem Kindergarten im Hotel interessiert, damit Sie stundenweise »frei« sind?

B: Gibt's denn sowas in Urlaubshotels?
A: Nun, leider noch nicht in allen. Aber viele bieten diesen Service schon mit an. Dort ist eine professionelle Betreuerin. Außerdem kann das Kind mit Gleichaltrigen spielen.
B: Das finde ich ja toll!
(Argument Nummer 8 wurde bereits akzeptiert.)
A: Wie steht es denn mit dem Geld? Haben Sie ein festes Budget für diese Reise?
B: Also, na ja. Wir meinen halt, über 5000 darf's nicht kosten. Geht denn das?
A: Aber sicher. Es gibt heute wunderbare Sonderangebote für Reisekosten. Auch für Hotels. Außerdem gibt es oft einen weiteren Rabatt, wenn Sie beides gemeinsam buchen.
B: Aha. Das klingt gut.
(Argument Nummer 1 wurde vorbereitet.)
A: Legen Sie Wert auf gutes Wetter? Sonne, Baden vielleicht?
B: Also, wenn es allzu heiß ist, das mögen wir nicht. Aber Sonne wollen wir schon. Und, was Baden angeht . . . Meine Frau und ich ja heute weniger, aber der Michel. . .
A: Wie alt ist denn Ihr Sohn?
(Die Worte »Ihr Sohn« zeigen deutlich, wie sehr er auf die Informationen von B eingeht, wie aufmerksam er zuhört! Das ist psychologisch wichtig.)
B: Der ist jetzt 22 Jahre alt. Und die jungen Leute. . . (zuckt mit den Achseln).
A: Würden Sie denn auf einen schönen Abschnitt Badestrand direkt am Hotel wert legen?
B: Eigentlich schon.
(Er »erwärmt« sich schon für Argument Nummer 4.)
A: Hier haben wir ein Foto, wie das aussehen kann. Ein paar Schritte. . .
B: Ja, das gefällt mir gut!
(Jetzt hat er Argument Nummer 4 akzeptiert!)

Also haben wir hier ein vorzeitiges »Herausholen« von Argumenten aus B's Köfferchen:

A's Köfferchen ist zu diesem Zeitpunkt noch ungeöffnet. Erst wenn er glaubt, genügend Ansatzpunkte gefunden zu haben, legt er seine Argumente auf den Tisch, indem er sie aber in B's Bedürfnisse »einwickelt«.

Je mehr von B's Argumenten man vorher entlocken kann, desto leichter ist es, die eigenen Argumente auf die Bedürfnisse von B abzustimmen. (Vgl. Karottenmethode, Kap. 4)

Er stellt die Kontrollfrage:

A: Also, wenn ich Sie richtig verstanden habe, legen Sie Wert auf sonniges, aber nicht zu heißes Wetter. Sie möchten ein preisgünstiges Angebot ausnützen. Sie hätten gerne Zugang zum Badestrand und würden sich über einen Hotelkindergarten freuen. Habe ich noch etwas Wichtiges vergessen?«

Die letzte Frage ist wichig, ehe A zum Angebot schreitet. Denn hier verhindert A, daß der Kunde plötzlich alles ablehnt, weil ihm noch etwas furchtbar Wichtiges einfällt, eine Bedingung, die A vielleicht doch nicht erfüllen kann.

Zum Beispiel sagt der Kunde jetzt:

B: »Wissen Sie, falls Sie ans Ausland denken, wo das Wetter ja optimal wäre. . . meine Frau und ich können aber keine Fremdsprachen!«

A: »Angenommen, das wäre kein Problem. . .?«

Nun, in unserem Fallbeispiel ist sein Einwand für uns kein Problem, weil wir ja noch Argument Nr. 6 im Köfferchen haben!

Wir brauchen sicher nicht das gesamte Gespräch aufzeichnen. Sie sehen aber die Psycho-Logik hier: Indem man durch Fragen diejenigen »Gegen«-Argumente des B erfährt, die man für sich selbst verwenden kann, hat man sie entschärft. Schritt für Schritt hat man sozusagen jede potentielle »Mine« unschädlich gemacht, ja sogar für sich einsetzen können.

Was Fragetechniken angeht, so unterscheiden wir prinzipiell zwischen zwei Frage-Typen:

1. Informations-Fragen: Hierzu gehören alle Fragen, die eine Information zum Inhalt des Gesprächs bieten.
2. Kontroll-Fragen: Hierzu gehören alle Fragen, die uns eine Information über die Beziehungs-Ebene bieten.

5.9. Informations- und Kontrollfragen

Hierbei haben wir schon *eine* Kontrollfrage kennengelernt: »Wenn ich Sie richtig verstanden habe, suchen Sie. . .« Diese Frage bittet um Feedback (= Rückkoppelung). Sie erlaubt, Fehler zu korrigieren und überprüft gleichzeitig die Art und Weise, in der der andere spricht. Ruhig, sachlich, analytisch (positiv/neutraler Bereich) oder aggressiv, gelangweilt, defensiv (Krisenbereich):

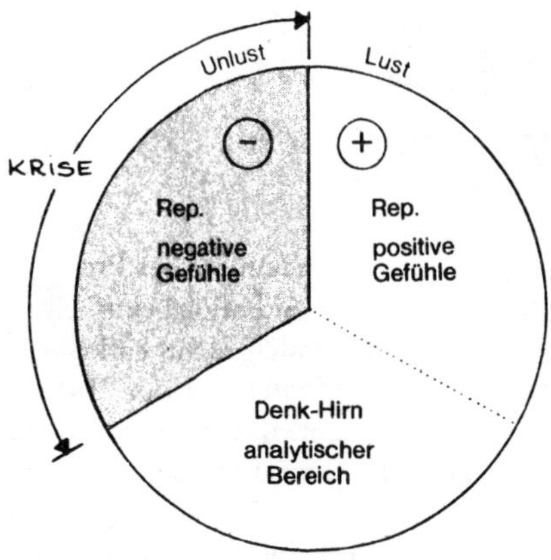

Negative Gefühle: Blockade durch Rep. führt zu psycholog. Nebel.

Wir haben uns bis jetzt mit Gründen/Argumenten des B auseinandergesetzt, die aus dem Denk-Hirn kommen. Diese nennen wir Einwände. Oft aber erhalten wir eine Argumentation, die nicht *nur* aus dem Denk-Hirn entspringt. So einen Grund werden wir Vorwand nennen.

Diese beiden Begründungstypen bei Ablehnung sollte man unterscheiden lernen. Zugegeben, es gelingt uns nicht immer, aber es gibt eine Methode, die sehr hilfreich ist. Das ist die sog. Angenommen-Frage. Warum sollen wir sie stellen, und was nützt sie uns strategisch?

Zunächst definieren wir Vor- und Einwand:

5.10. Der Einwand

Das ist ein Grund, der gegen unsere Aussage, gegen unser Angebot spricht (oder zu sprechen scheint). Er kommt aus dem Denk-Hirn. B will Information. Er sagt sozusagen: »Eigentlich hätte ich gegen den Schritt, den Sie mir vorschlagen, nichts einzuwenden, aber ich sehe da ein Problem«:

Einwand:
analytisch vom
Denk-Hirn
(Problem = Hindernis)

Wenn Sie diesen Einwand *entkräften* können, indem Sie das Problem lösen, dann können Sie aus der Fragezeichen-Situation eine Plus-Situation machen. Wenn Sie hingegen den Einwand nicht entkräften können, dann ist die »Fragezeichen-Situation« eben keine Fragezeichen-, sondern eine Minus-Situation.

Wenn jemand Sie z.B. für morgen abend zum Essen einladen will und Sie haben eine geschäftliche Verabredung, dann ist das Ihr »Problem«. Ist es unlösbar, hat A eine Minus-Situation vor sich.

Wenn jemand hingegen morgen abend mit Ihnen zum Essen gehen will und Sie haben derzeit Ihre »Gummiwoche« (die Woche vor dem Ersten dehnt sich für so manchen unendlich weit. . .), dann ist *das* Ihr »Problem«. Wenn der andere sagt: »Ach nein, ich *lade Euch ein!*«, dann ist die Fragezeichen-Situation zu Plus geworden.

Ganz anders hingegen verhält es sich bei einem Vorwand. Angenommen, Sie hätten nur *behauptet*, Sie hätten kein Geld, weil Sie morgen abend gerne fernsehen wollen, und das wollen Sie im ersten Ansatz gar nicht zugeben. (Wie oft rutscht uns ein Vorwand auch vor-schnell heraus!) Angenommen, Ihr Freund sagt jetzt ebenfalls: »Ach nein, ich *lade Euch doch ein!*«, wie fühlen Sie sich dann?

Nicht so gut, nicht wahr? Weil ein Vorwand eine völlig andere Art von Argument darstellt als ein Einwand:

5.11. Der Vorwand

Das ist eine Wand, die man vor-zieht, um sich (momentan) dahinter zu verstecken:

Vor-Wand:
die »Wand«, die man **vorzieht**, um sich zu verstecken (Flucht)

Ein Vor-Wand ist ein indirektes Flucht-Manöver. D.h. das Rep. hat sich bereits (sehr sachte noch) eingeschaltet. Wenn aber der A mir die Wand weg-zieht, dann stehe ich »nackt« und »hilflos« da.

Dieses Gefühl kann ein leichtes, kaum wahrnehmbares Unbehagen sein, ein Gefühl der Peinlichkeit, ein Gefühl der Frustration, des ärgerlichen Gereiztseins bis hin zur Wut.

Regel Nummer 6:
Wenn der Verdacht besteht, daß ein Argument von B ein Vor-Wand sein könnte, darf ich diesen Grund nicht entkräften!

Nun sagen Sie vielleicht: Wenn man das eben immer so wüßte?! Richtig. Deshalb brauchen wir jetzt eine Kontroll-Frage. Denn eine Frage (sofern nicht aggressiv gestellt) stellt keinen Angriff dar. Eine Frage *fragt* ja nur. Eine Frage stellt keine Behauptung in den Raum. Eine Frage löst das »Problem« noch nicht.

Ihr Freund könnte also die sog. Angenommen-Frage stellen.

A: *Angenommen, Du hättest Geld . . .?*
(Angenommen-Fragen eignen sich hervorragend für GORDONs (20) Technik des »aktiven Zuhörens«, d.h. einen fragenden Satz in der Luft hängen zu lassen. Der automatische Reflex ist meist, die Frage prompt zu beantworten.)

B: *Tja, dann würde ich, genaugenommen, auch nicht gerade morgen gehen wollen.*

A: *Aha. Dann gibt es noch einen weiteren Grund?*
(Achtung: hier wird oft der Fehler gemacht, zu sagen: Was ist denn dann der wahre Grund? Damit aber signalisiert man, daß man den anderen durchschaut hat, womit der Sinn und Zweck der Angenommen-Frage und ihrer Antwort verloren geht.)

B: Ja, morgen ist doch das Bundesliga-Spiel. . .

A: Ach, das hatte ich total vergessen. Wie wäre es dann mit übermorgen?

B: Ja, gerne.

Statt des Wortes »angenommen« gibt es weitere Möglichkeiten, die Angenommen-Frage zu stellen:

- Gesetzt den Fall das wäre nicht so, würdest Du dann?
- Wenn das Problem nicht bestünde. . .? (Satz nicht beenden!)
- Sagen wir mal, theoretisch, das wäre lösbar, gäbe es dann noch einen weiteren Grund, der dagegen spräche?

Allerdings gibt es viele »falsche« Arten der Angenommen-Frage. Falsch insofern, als sie den strategischen Vorteil wieder verlieren, den sie haben sollten:

B: *Ich kann mir das nicht leisten.*

A: *Angenommen, wir finanzieren es Ihnen?* (Das ist ein Lösungsvorschlag. Fast genauso schlimm wie ein: »Aber das ist doch kein Problem, wir finanzieren es Ihnen doch!« Dieser Typ »Angenommen-Frage«, die keine ist, wischt das Problem des anderen einfach vom Tisch. Damit aber entkräftet er einen Vorwand, wenn es ein Vorwand war. Außerdem zeigt diese Art der Frage auf der Beziehungs-Ebene an, daß man den anderen nicht ernst genug nimmt, um auf ihn einzugehen. Also ein indirektes Kampf-Signal.)

B: *Das interessiert mich gar nicht.*

A: *Angenommen, es wäre preiswerter, würde es Sie dann interessieren?* Erstens hätte hier eine Warum-Frage kommen müssen, damit A Informationen erhält (siehe Seite 133).

Zweitens liefert A dem B hier ein zusätzliches Gegen-Argument, an das dieser vielleicht gar nicht gedacht hatte. Das ist aus zwei Gründen gefährlich:

1) Weil B diesen Grund jetzt als Vor-Wand nehmen kann, hinter der er sich jetzt auf immer und ewig verschanzen kann. Sollte A dagegen argumentieren wollen, kann B immer sagen: »Aber du hast doch selber gesagt!« (Vgl. Arzt-Gespräch, erfolglose Variante, S. 119)

2) Unter Umständen fühlt B sich verletzt, weil man ihm unterstellt, er sei arm oder geizig. Er reagiert dann u.U. aggressiv, so daß wir jetzt gegen noch mehr Kampfhormone bei B kämpfen müssen. So sind wir schon wieder mittendrin im Gegeneinander.

B: *Wissen Sie, ich kann die Araber nicht ausstehen. Schon ihre Sprache! Entsetzlich!*

A: *Gesetzt den Fall, die Araber übernehmen irgendwann die Kontrolle bei uns? Mercedes haben sie ja schon zu kaufen versucht ... Und überhaupt, was die Sprache angeht, die ist doch hochinteressant. Bedenken Sie mal, die einzige Sprache der Welt, die nach den Regeln der formalen Logik aufgebaut ist. Und ...*

Zum ersten Satz: Eine Angenommen-Frage, die gar eine Drohung beinhaltet, ist ein eindeutiges Kampf-Signal. Abgesehen davon, daß A hier im ersten Satz eine gefährliche Verallgemeinerung von sich gibt, die B ihm u.U. sofort »zerschlagen« kann.

Was den zweiten Satz angeht, so ist egal, wie brillant A's Erklärungen jetzt auch sein mögen: Er erklärt in den psychologischen Nebel (Kap. 2) hinein. Also umsonst! Im Gegenteil, wenn B gerade sehr verärgert ist, wird er die neue Information (die er so halb wahrgenommen hat) u.U. später mit dem Ärger assoziieren, so daß er später vielleicht noch sturer behaupten wird, die arabische Sprache sei schrecklich.

Regel Nummer 7:
Wird die Angenommen-Frage mit Nein beantwortet, stelle ich eine Informations-Frage, um nach weiteren Gründen zu forschen.
Wird die Angenommen-Frage bejaht, dann handelt es sich mit großer Wahrscheinlichkeit um einen Einwand.

Wenn Sie also mit großer Wahrscheinlichkeit den Einwand gefunden haben, dürfen Sie sehr wohl versuchen, das Problem zu lösen.

5.12. Einwand = Problem

A: (In der Rolle eines Seminarleiters, eröffnet): Meine Damen und Herren. . . (nach zwei Minuten): Ich meine, es wäre sehr nett, wenn jeder sich kurz der Gruppe vorstellt. Mein Name ist. . . (Schreibt seinen Namen an die Tafel). Würden Sie bitte so nett sein? (Reicht die Kreide dem ersten Teilnehmer).
B: Ach nein, bitte nicht.
A: Darf ich fragen, warum nicht?
B: Ich weiß zufällig, daß Herr Wagner dort drüben ein Hobby-Graphologe ist. Ich habe keine Lust, hier einen seelischen Striptease aufzuführen, wenn er meine Schrift analysiert.
A: Angenommen, Herr Wagner wäre kein Graphologe. . .?
B: Ja, dann hätte ich nichts dagegen.

Jetzt muß A also entscheiden, was er will. Wenn er den *Einwand* akzeptiert, sagt er z.B.: »Gut, das leuchtet mir ein. Wären Sie bereit, mir Ihren Namen zu buchstabieren. . .« Damit hat er das Problem gelöst.

Übrigens habe ich diese Szene einmal miterlebt. Nur, daß der Trainer damals anders reagiert hatte: Auf das »Ach nein, bitte nicht« des Teilnehmers sagt er: »Aber so hören Sie doch. Da ist doch nichts dabei!« Worauf der Teilnehmer, dem die Sache nun peinlich wurde, murmelte: »Ich kann nicht.« Darauf der Trainer: »Also, wenn Sie nicht schreiben können, haben Sie hier ja eigentlich gar nichts zu suchen. Dies ist schließlich ein Fach-Seminar!« Sehen Sie die Tropfen förmlich, die beide Personen jetzt im »Sieb« haben? (Kap. 2)

5.13. Vorwand = Vor-Wand

A: Ich dachte, wir wären uns einig, Huber-Bauer? Wieso magst jetzt plötzlich doch nicht? (es ging um einen Schlepper)
B: Ja weißt, wegen der Lieferzeit. Ihr könnts ja erst im September liefern...
A: Angenommen, die Lieferzeit wäre kein Problem...?
B: Dann stört mich noch die Tatsache, daß die Zylinderköpfe hier einzeln aufgesetzt sind...

Lieferzeit war also mit allergrößter Wahrscheinlichkeit ein Vor-Wand bzw. bestimmt nicht der Hauptgrund!

Übrigens ist auch obiges Beispiel tatsächlich passiert. In der Praxis verlief das Gespräch wie folgt:

5.14. Fallbeispiel: Schlepperverkauf

Ein Landmaschinenberater hatte mit dem Huber-Bauern wochenlang wegen eines neuen Schleppers verhandelt. Endlich war man sich einig geworden. Der Bauer wußte, welches Modell er wollte, wieviel die Firma ihm für seinen alten Schlepper zahlen wollte usw. Nun liefen diese Vorgespräche im März 1975, in der Zeit also, in der die Bundesregierung die Investitionszulage von 7,5 % bezahlte. (Das hatte leider wenig Investitionen in der Industrie zur Folge. Aber die Bauern profitierten, indem sie so manches [vorzeitig] einkauften.)

Nun muß man wissen, daß es bei Verkaufsgesprächen mit Bauern auch heute noch üblich ist, zunächst einmal per »Handschlag« das Geschäft abzuschließen. Der Vertrag wird dann erst einige Tage später ausgefüllt.

Sie ahnen, was passierte?

Als unser Berater Anfang März zum Huber-Bauern kam, um den Vertrag schriftlich abzusichern, sagte der Bauer:

»Also, ich hab mit der Frau noch mal drüber geredet. Und wir haben uns doch gegen den Schlepper entschieden.«

Der Berater reagierte zunächst ganz richtig, indem er fragte:

»Aber warum denn, Huber-Bauer?«

Da sagte der Kunde:

»Tja weißt Du, die Firma XY hat ja jetzt wegen der Investitionszulage plötzlich so lange Lieferzeiten. Du kannst den neuen Schlepper erst zum September liefern. Aber mein alter Hanomag, der fährt mir keine Ernte mehr. Also kaufen wir einen beim Schmied[1], den kriegen wir nämlich in 6 Wochen.«

Nun beging unser Berater einen Fehler: Er meinte, das Argument des Bauern müsse ein *Einwand* sein.

Also machte er einen Lösungsvorschlag:

»Also, ich schau einmal, ob sich da was machen läßt, Huber-Bauer. Ich kümmere mich um die Sache.« Damit eilte er zu dem Chef seiner Niederlassung, um diesem die Geschichte zu erzählen. Dieser sagte: »Paß auf, in der Zweigniederlassung in Z. da haben die eine Bestellung für denselben Schlepper, das gleiche Modell. Liefertermin 1. Juni. Ich schau mal, ob sich da was machen läßt!«

Der Chef ruft seinen Kollegen in der anderen Niederlassung an und erzählt ihm sein Problem. Er schließt mit den Worten: »Meinst, da ginge was zusammen?«

Der andere Chef sagt:

»Vielleicht schon. Dem T-Bauern (d.h. der Kunde, der jenen anderen Schlepper mit Lieferung zum 1. Juni bestellt hatte) sein alter Schlepper kann leicht noch eine Ernte fahren. Ich werde mich erkundigen, ob er bereit ist, auf seinen Traktor bis zum September zu warten.« Nun schickt dieser Chef einen Mitarbeiter zum T-Bauern. Dieser wittert ein Geschäft:

»Also, Ihr seid's da ein bißerl in der Klemme, gell?«

Der Berater gibt es zu.

»Gut. Ich helf Euch. Ich warte auf meinen Schlepper bis zum Herbst. Aber unter einer Bedingung: Daß ihr mir für den alten Schlepper genau das zahlt, was wir ausgemacht haben.«

Dies ist ein Nachteil für die Firma, da der Bauer ja eine weitere Ernte mit dem alten Schlepper fährt, was dessen Wert natürlich mindert. Trotzdem, sowohl der T- als auch der Huber-Bauer sind seit vielen Jahren gute Kunden. Da kann man auch einmal eine Sonderregelung vornehmen. Ein Anruf zum Hauptsitz der Firma erbringt die Erlaubnis. Der T-Bauer ist zufrieden.

Nun geht unser Berater mit den guten Neuigkeiten wieder zum Huber-Bauern. Er sagt: »Also, Huber-Bauer. Dein Problem ist gelöst. Du kannst

---

1 Der »Schmied« ist heutzutage meist ebenfalls ein Geräte-Händler mit Reparatur-Werkstatt.

denselben Schlepper zum 1. Juni bekommen.« Da aber sagt der Huber-Bauer: »Na!« (bayerisch »na« = »nein«).

Jetzt erst merkt unser Berater, daß der Liefertermin ein *Vor-Wand* gewesen war. Eine Wand, deren Wegziehen sein Problem nur vergrößert hat. Denn jetzt muß, wenn der Huber-Bauer nicht kauft, auch dem T-Bauern klar gemacht werden, daß er sich zu früh gefreut hat, weil er seinen Schlepper doch zum 1. Juni bekommen wird!

Also haben wir am Ende vielleicht zwei verärgerte Kunden statt nur einen verlorenen Verkauf!

Als der Bauer wieder nein sagte, fragte unser Berater nach weiteren Gründen. Nun sagte der Bauer: »Außerdem bin ich nicht bereit, wegen der gefederten Vorderachse fast 5000 Mark mehr zu bezahlen als beim Konkurrenz-Modell!«

Jetzt stellt unser Berater allerdings die Kontrollfrage: »Wenn das Modell keine gefederte Vorderachse hätte, tätst Du's dann nehmen?«

Antwort: »Nein.« Was glauben Sie wohl, war das Problem des Bauern?

Der Bauer hatte eine Tochter. Der Schmied hatte einen Sohn. Nun hatte der Bauer einige Tage vor dem geplanten Vertragsabschluß erfahren, daß seine Tochter vom Sohn des Schmieds ein Kind erwartete. Daraufhin haben der Bauer und der Schmied sich mit den jungen Leuten zusammengesetzt und sich folgendermaßen geeinigt:

1. Die jungen Leute dürfen sofort heiraten (müssen!).
2. Die jungen Leute werden zunächst im Bauernhof leben, da dieser größer ist als das Haus des Schmieds.

Bei diesem Gespräch nutzte der Schmied die peinliche Situation (schließlich war ja die Tochter des Bauern eine »Schande«), indem er sagte: »Aber den Schlepper, den kaufst du doch bei mir!«

Der Bauer hatte sich nicht imstande gesehen, nein zu sagen; zum einen, weil er sich nicht jeden Abend über der Suppenschüssel vom jungen Schmied sagen lassen wollte: »Aber den Schlepper, den hast du bei der Konkurrenz gekauft!«, zum anderen, weil er einfach müde war. Er hatte den Schrecken noch nicht ganz überwunden.

Als unser Berater merkte, daß er mehreren Vorwänden gegenüberstand, veränderte er die Taktik:

Regel Nummer 8:
Wenn mehrere Vor-Wände nacheinander folgen, besteht die Gefahr von negativen Gefühlen beim anderen. Jetzt über die Gesamt-Situation sprechen statt über mein Ziel.

Er fragte: »Weißt' Huber-Bauer, jetzt kennen wir uns schon so viele Jahre. Ich hab' den Eindruck, daß dich was bedrückt. Magst des net sagen. . .?«

Darauf erfuhr er die Hintergründe bei einem Glaserl. Danach sagte er: »Also, Huber-Bauer, ich kann das gut verstehen. Ich akzeptiere auch, daß Du den Schlepper nun doch nicht bei mir kaufst. Aber *eine* Frage hätte ich noch: Wirst Du in Zukunft *alle* Geräte beim Schmied kaufen?«

Daraufhin ist der Bauer sehr erleichtert, daß ihm der Berater keinen Vorwurf macht. Er fühlt sich ja schuldig, denn per »Handschlag« war das Geschäft ja so gut wie abgeschlossen gewesen. Außerdem ist er dem Berater für sein Verständnis dankbar. Deshalb verwundert uns seine Antwort nicht:

»Aber nein. Den Pflug im Herbst, den kauf ich bei Dir. Hand drauf!«

Was er dann auch inzwischen getan hat (s. Abb. S. 133).

5.15. Fallbeispiel: Englischnote in der Schule

Wollen wir diese niederlagenlose Methode (Schema II) anhand eines letzten Beispiels demonstrieren:

Herr Pollmann möchte, daß sein Sohn Mark gut lernt. Dieser aber hat Schwierigkeiten im Gymnasium, weil er seine Freizeit mit seinem Freund verbringt und einfach keine Lust hat, »die blöden Vokabeln« zu pauken, d.h. Mark hat besonders in Sprachen und reinen Lernfächern Probleme. Diese Schwierigkeiten werden durch Marks Unlust, durch seine De-Motivierung ausgelöst, nicht etwa, weil Mark nicht könnte, wenn er wollte.

Bisher hat Herr Pollmann einige Male versucht, seinen Sohn zum Lernen zu bewegen. Er hat gesagt: »Du willst doch mal einen anständigen Beruf haben!« (Vgl. Aussage Typ 3, Kap. 3) Er hatte darauf verwiesen, daß alle anderen (Schulkameraden) sich anstrengen würden! (Aussage-Typ 5) Er hatte nichts als Trotz-Reaktionen erreicht.

Schema II

Hier war die zweite Entscheidung positiv ausgefallen

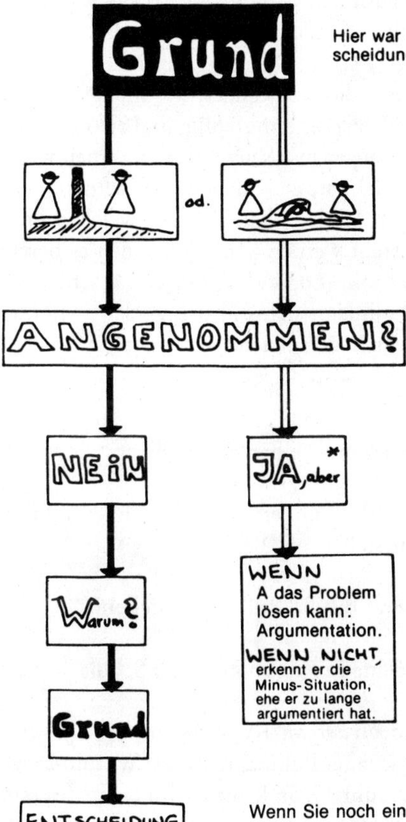

Wenn Sie noch einmal vergleichen wollen: Schema I auf S. 110.

---

* Z.B.: »Ja, schon, aber das Problem besteht ja. . .«, B darf m.E. »ja, aber. . .« sagen. Aber der A sollte vorsichtig sein. *Falls* sich B im Krisenbereich (Rep.) befindet, wird er auf »ja, aber« meist »sauer« reagieren. Denn die indirekte Nachricht ist ein Nein, eine Widerrede, die (im Krisenbereich) als Angriff interpretiert werden kann.

Angenommen Herr Pollmann würde Schema II anwenden. Er sagt sich: Ich weiß, daß er nicht vorhat, später auf die Uni zu gehen. Ich weiß, daß mein Angebot (er soll später studieren können) Widerstand, Kampfhormone, Rep.-Reaktionen auslösen wird. Weiß ich auch, warum er jetzt nicht lernen will? Hier stellt er fest, daß er nur weiß, daß Mark »keine Lust« hat. Andererseits aber weiß er ebenfalls, daß Mark sich mit Geduld und tiefer Konzentration allem zuwendet, was mit Funken zu tun hat. Das ist Marks Hobby. Hier *lernt* er freiwillig und erfolgreich Informationen, die Herrn Pollmann genauso schwierig erscheinen wie Vokabeln. Warum? Weil er ein Ziel hat, er will ja Amateurfunker werden.

Also gilt es festzustellen, ob Mark ein Ziel besitzt, welches durch das Lernen in der Schule angestrebt werden kann. Sie ahnen es bereits? Es ist so einfach, wenn man es mit »Logik« angeht. Das erschien nur solange unlösbar, wie Herr Pollmann sich mit den Zielen seines Sohnes nicht befaßte, weil er von seinen eigenen ausging (= mein Junge soll es mal besser haben als ich. Er soll studieren.)

Nun der Gesprächsablauf:

Pollmann: Wie geht's denn so mit deiner Funkerei?
Mark: Gut, warum?
Pollmann: Stimmt das, daß jeder Funker Englisch können muß, wenn er die Prüfung bestehen will?
Mark: Ja.
Pollmann: (grinst): Und, wirst du die Prüfung bestehen?
Mark: Sicher.
Pollmann: Dann wird sich deine Englischnote in der Schule ja auch bald verbessern?
Mark: Wie kommst du denn *darauf?!* (Achtung, im Prinzip sagt Mark hier: Nein. Also schaltet Pollmann auf die Warum-Frage um. Merke, wer fragt, führt. Man kann auch Fragen des B mit einer Gegenfrage beantworten wie hier):
Pollmann: Deine Reaktion verwundert mich. Wieso denn nicht?
Mark: Weil der Quatsch in der Schule mit meinem Funker-Englisch überhaupt nichts zu tun hat!
Pollmann: Angenommen du müßtest für die Schule Funker-Englisch lernen, würde sich deine Note dann verbessern?
(Er überprüft, ob Mark's Grund ein Vor- oder Einwand ist.)
Mark: Klar!

Pollmann: (Weiß jetzt, daß er Mark zum Englischlernen – für die Schule – bewegen kann, *wenn* sich Marks Ziel [Funken] mit Vaters Ziel [gute Englischnote] verbinden läßt. Er sagt): Worin besteht denn der Hauptunterschied zwischen dem Schul- und dem Funker-Englisch?

Mark: Der Quatsch in der Schule bringt doch überhaupt nichts. Das sind einzelne isolierte Sätze mit mal 'nem Lesestück von 40 Zeilen; ansonsten langweiliges Zeug.

Pollmann: Und das Funker-Englisch?

Mark: (Wird zusehends lebendiger): Na ja, da müssen wir zweierlei unterscheiden. Zum einen die technischen Informationen auf Englisch, die ich zum Funken selbst brauche. Zum anderen die Sprache selbst, weil ich ja mit vielen im Ausland Englisch als Verbindungssprache brauche. Der Paul neulich, der hat Italien erwischt. Aber er hat sich mit dem Funker dort auf Englisch unterhalten können, verstehst du?

Pollmann: Angenommen du könntest dich ausgezeichnet auf Englisch unterhalten. Hättest du dann ein Problem mit den Übungen, die du für die Schule machen mußt?

Mark: Nee. Dann wäre das auch nicht anders als 'ne deutsche Grammatik-Übung.

Pollmann: (Hat jetzt einen konkreten Plan. Formuliert ihn jedoch zunächst in Fragestellung, um Marks erste Reaktion zu testen): Gesetzt den Fall du hättest die Chance, für einige Wochen nach England zu reisen, hättest du Interesse?

Mark: Ehrlich?!

Pollmann: Wenn du willst...

Mark: Ob ich will?!

Pollmann: Ich möchte dir einen Handel vorschlagen.

Mark: Nur zu, anhören kann ich ja mal.

Pollmann: Angenommen ich würde es dir ermöglichen, die nächsten Sommerferien in England zu verbringen. In einer englischen Familie natürlich, so daß du nicht auf deutsch ausweichen kannst...

Mark: (Nickt begeistert)

Pollmanan:... dafür würden wir zum Gegenbesuch aber vorläufig keinen Engländer einladen, sondern, z.B. in den Osterferien, einen Franzosen.

Mark: (Macht eine Grimasse): Aber Paps, das geht doch nicht. Sinn und Zweck des Schüleraustausches ist es doch, daß die Leute, die sich kennenlernen, sich Gegenbesuche machen.

Pollmann: Nehmen wir einmal an, du fährst diese Sommerferien nach England. Nehmen wir weiterhin an, dein neuer englischer Freund kommt uns Weihnachten besuchen. Spräche dann etwas dagegen, zu Ostern einen Franzosen zu Besuch zu haben?

Mark: Eigentlich nicht, nur...

Pollmann: Ja...?

Mark: Würde dann der Franzose keinen Gegenbesuch von mir erwarten, im Sommer?

Pollmann: Angenommen er würde es nicht?

Mark: Dann wär es o.k., nehme ich an.

Jetzt weiß Pollmann: Wenn er einen Franzosen finden kann, der für die Gastfreundschaft bereit wäre, täglich drei, vier Stunden mit Mark französisch zu sprechen, dann hat er eine weitere Situation zu Plus gebracht, die in der Vergangenheit immer Minus gewesen war, denn auch Marks Französischnote ist schlecht.

Im übrigen ist auch dieses Beispiel passiert. Marks Vater machte folgenden »Handel« mit Mark (langfristig gesehen):

1. Wenn seine Note in Französisch von 5 auf 3 verbessert wird, darf er im Sommer nach England.
2. Wenn sich seine Note in Englisch nach den Ferien auf 3 verbessert, darf sein englischer Freund kommen.
3. Wenn Mark nächsten Sommer das Abitur schafft, bekommt er als »Karotte« (siehe Kap. 4) eine Funkanlage. (Bis jetzt hat er noch keine, er geht immer zu seinem Freund, der eine hat.)
4. Wenn er dann meint, er wolle nicht studieren, dürfe er sich frei entscheiden. Aber der Vater hätte zumindest ein »reines Gewissen«, weil er seinem Sohn das Studium *möglich* gemacht hatte, was sein Vater damals nicht getan hatte.

Sicher leuchtet uns die Fragetechnik sowohl *bio-* als auch *psycho*-logisch ein. Nur, von der Logik her, muß man in der Lage sein, die Gesamt-Situation zu überschauen. Man muß also sowohl den Inhalt als auch die Methode, die Strategie des Gesprächs, fest im Griff haben.

Daran aber scheitert es so oft. Nicht nur wegen der bio- und psychologischen Störfaktoren, die wir in den ersten vier Kapiteln besprochen haben, sondern auch, weil wir von der Logik her gewisse Probleme haben. Um diesen Schwerpunkt soll es im letzten Kapitel gehen. Aber zuerst noch eine Inventur-Übung?

5.16. Inventur-Übung Nr. 5b

Testen Sie Ihre Fähigkeit, Fragen zu stellen. Machen Sie es sich zur Aufgabe, ein unverbindliches Gespräch unter Freunden durch Fragen zu führen. Ihr einziges Ziel soll sein, daß Sie selbst solange wie möglich nichts erzählen, sondern die anderen zum Sprechen bringen, indem Sie geschickt fragen.

Hier stellen unsere Seminarteilnehmer in der Regel fest, daß drei Minuten eine unendlich lange Zeit sind, wenn sie nur drei Minuten lang eine Frage nach der anderen stellen sollen. Wie lange schaffen Sie es?

Beispiele für Fragen:

Wie geht es mit der Arbeit, mit dem Hobby, was macht XY (eine Person, von der B einmal erzählt hatte)?

Weshalb willst du die Firma wechseln, im Urlaub nach Mallorca fahren, daß ich das Buch lese, das du mir empfohlen hast?

Wie, meinst du, sollte ich das anfangen? Wie siehst du dies und jenes? Wie, glaubst du, wird die nächste Wahl wohl ausgehen, und warum glaubst du das?

Wo hast du den Anzug gekauft, deine Frau (deinen Mann) eigentlich kennengelernt, deinen ersten Urlaub verbracht?

ERFOLGSKONTROLLE:

Bei meinem ersten Versuch habe ich es ______ Minuten lang geschafft, nur Fragen zu stellen und aufmerksam zuzuhören. Bei meinem zweiten Versuch habe ich es schon auf ______ Minuten gebracht. Beim zehnten Versuch bin ich auf volle ______ Minuten gekommen.

[illegible]

[illegible]

[illegible]

[illegible]

[illegible]

[illegible]

[illegible]

[illegible]

[illegible]

Kapitel 6

Einige Probleme der Logik in der Verhandlungssituation

6.1. Kategorie 1: Die Wahr-Nehmung

Einige Probleme ergeben sich einfach aus der Tatsache heraus, daß man nicht alles wahrnimmt. Es gibt Dinge, die wir übersehen, überhören oder falsch verstehen bzw. falsch auffassen.

So ergibt sich häufig ein totales Aneinander-vorbei, weil A und B glauben, sie sprächen über dasselbe. Daher lautet unsere

Regel Nummer 9:
Falls das Gespräch »grundlos« zum Aneinander-vorbei bzw. Gegeneinander wird, kläre ich ab, ob wir überhaupt dasselbe meinen!

Zum Beispiel:

Chef: Was ist, Frl. Huber, haben Sie den Bericht schon fertig? (Im Weggehen gefragt).

Frl. H.: Wie kann er schon fertig sein, wenn Sie ihn mir erst vor 20 Minuten auf den Tisch gelegt haben?!

Chef: Ich meinte den Bauer-Bericht.

Frl. H.: Ach den, ja, der ist fertig.

Ein solches Gespräch kann so einfach sein, wenn es richtig geführt wird: Aber die Realität, die diesem Fallbeispiel zugrunde liegt, sah anders aus:

Frl. H.: Wie kann er denn schon fertig sein, wenn Sie ihn mir erst vor 20 Minuten auf den Tisch gelegt haben?!

Chef: Es ist phänomenal, mit welcher Fähigkeit Sie einen mißverstehen, Frl. Huber!

Frl. H.: Natürlich bin ja immer ich schuld, wenn was falsch läuft hier.

Danach wurde zwar abgeklärt, welchen Bericht der Chef meinte, aber beide Gesprächspartner waren »sauer«, als er endlich das Büro verließ.

Zu solchen Fehlern, in denen ein Gesprächspartner falsch interpretiert, was der andere sagt, gehören auch voreilige Ergänzungen der Information:

Kunde: ... dann würde mich noch interessieren, ob die Stereolautsprecher für mich die richtigen sind, ich meine in bezug auf ...

Verkäufer: Da kann ich Sie nur beruhigen. Sie haben nämlich hier ... (erklärt lang und breit, bis der Kunde merkt, daß er auf Klangfeinheiten hinaus will).

Kunde: Aber, das meinte ich doch gar nicht! Ich mache mir Sorgen, inwieweit die Bässe bei so großen Lautsprechern mir Probleme mit dem Nachbarn machen werden. Ich wohne nämlich in einem Apartment-Haus und mein Nachbar hat auch so große Boxen. Der traut sich gar nicht mehr, seine Platten zu spielen, weil die alte Dame neben ihm dann immer anruft und sich beschwert!

Hier hat unser Berater noch Glück gehabt, weil der Kunde sich nicht allzu sehr über das Mißverständnis geärgert hatte. Als Faustregel können wir sagen: Je unsicherer ein Mensch in den Stufen II und III MASLOW (Kap. 1) ist, desto wichtiger ist ihm die vierte Stufe: Anerkennung. Das heißt: Ein Kunde, der falsch interpretiert wird, fühlt sich mißverstanden, nicht respektiert, nicht geachtet; er kann befürchten, daß man ihn nicht ernst nimmt und nicht auf ihn eingeht. Je stärker diese Gefühle ausgeprägt sind, desto eher kann er ins vom Rep. gesteuerte Verhalten »abrutschen«.

Also gehört zur Logik, zur Strategie, auch das Sicherstellen, daß man sich nicht mißversteht.

6.2. Kategorie 2: Denkrinnen

Unser Berater von vorhin hatte auch diesen Fehler gemacht: Er hatte vorschnell angenommen, die Frage des Kunden sei eine Routine-Sache für ihn. Er war in der Denkrinne: Jeder Kunde, der sich über die Boxen Sorgen macht, hat Interesse an Klangnuancen.

Denkrinnen ergeben sich aus Erfahrungswerten, wobei diese zehn Sekunden oder zehn Jahre alt sein können. Im folgenden Beispiel für eine 10-Sekunden Denkrinne: Es handelt sich dabei um eine Denksportaufgabe in zwei Teilen. Wenn Sie Ihre Freunde damit hereinlegen, werden Sie die Denkrinne gut beobachten können:

Frage: Ein Taubstummer kommt in einen Laden. Es ist kurz vor Ladenschluß. Vor ihm warten Menschen, hinter ihm stehen auch noch drei Personen. Er will ein Messer kaufen. Aber er kann ja nicht sprechen. Hilfesuchend blickt er sich um, ob er ein Messer sieht, auf das er dann *deuten* könnte, aber er findet keins. Er hat weder Papier noch Bleistift, so daß er weder »Messer« schreiben, noch eine Zeichnung anfertigen könnte. Nun kommt er an die Reihe. Ungeduldig blickt die junge Verkäuferin ihn an. Wie kann er ihr zeigen, daß er ein Messer will?

Jetzt warten Sie, bis Ihre Freunde anfangen, Pantomimen zu machen. Der eine »schneidet« mit dem Zeigefinger den Hals »ab«, der nächste »säbelt« mit dem Zeigefinger auf dem Tisch usw. Dann erst stellen Sie die zweite Frage:

Frage: »Hinter ihm steht ein Blinder. Der will 'ne Schere. Was macht jetzt der?«

Jetzt warten Sie, bis die ersten Ihrer Freunde mit Zeige- und Mittelfinger in der Luft scherenartige Klapp-Bewegungen machen. Sofort sagen Sie: »Aber der kann doch *sprechen!*« (Warten Sie nicht zu lange, denn einen Augenblick später sagt ein Anwesender das gleiche.)

Wenn diese Denkrinne »sichtbar« geworden ist, lachen die Leute. Weil eine 10-Sekunden-Denkrinne eben heiter ist! Ausgelöst wurde diese Denkrinne durch zwei Faktoren:

1. Durch das Problem des Taubstummen wird das Denken in die Denkrinne der Pantomime geschoben.
2. Durch die Fragestellung: »Was *macht* jetzt der?« ist das Denken in der Rinne verstärkt worden.
   Sollten Sie experimentierfreudig sein, können Sie die Story auch mit der zweiten Fragestellung: »Was sagt jetzt der?« probieren. Aber es fallen Ihnen weniger Menschen in die Denkrinne als bei der ersten Version (»was *macht* jetzt der?«, s.o.).

Wenn wir eine Sekunden-Denkrinne bemerken, finden wir dies durchaus noch heiter.

Aber wenn wir feststellen, daß wir schon seit Jahren in einer Denkrinne »entlanggeschwommen« sind, wird die Sache problematisch. Dann wehren wir uns gegen die neue Information (Rep.). Dann werden wir »sauer«. Dann gehen wir in Abwehrstellung.

Auch dies ist ein Grund, der für die Fragetechnik spricht. Mit einer Frage, die eine Denkrinne »angreift«, kann sich der andere noch eher denkerisch auseinandersetzen als mit einer Aussage.

6.3. Fallbeispiel: Gülleanlage

Beispiel:
Ein Berater für Gülleanlagen[1] erklärte gerade die Vorzüge seiner Anlage: » . . . und da das Becken aus Beton . . . «
»Was?!« rief der Kunde aus, »Aus Beton? Nein, das ist ja unmöglich!«
»Aber nein, wir haben festgestellt, daß . . . «
»Das ist mir egal, was *Sie* festgestellt haben, ich würde nur eine . . . «
»Aber so hören Sie doch«, rief der Berater und versuchte verzweifelt, dem Kunden zu erklären, warum ein Auffangbecken aus Beton besser sein soll.

Dies war gottseidank nur ein Rollenbeispiel im Seminar, aber der Fall war echt. Dieser Bauer (den ein Teilnehmer, der ihn kannte, im Seminar darstellte) saß in einer Denkrinne: Er meinte nämlich noch immer, Güllebecken sollten aus Holz sein. Diese Meinung hatte er vor Jahren von seinem Vater übernommen und nie geändert. Damals gab es noch keine Betonbecken, aber heute?

Solange unser Berater meint, mit Logik allein könne er den Kunden überzeugen, kann er nur verlieren. (Selbst, wenn er die Diskussion gewinnen sollte, hat er darüber den Kunden verloren.)

Bauer: Was?! Aus Beton? Das ist ja unmöglich! (Dies ist ein Nein. Also folgt eine Warum-Frage).
Berater: Warum ist das unmöglich, Herr Meier?
Kunde: Ja, weil eine Auffanggrube doch aus Holz sein muß. Das weiß man doch. (Sätze wie »das weiß man doch«, oder: »Das sagt einem doch der gesunde Menschenverstand«, werden nur allzu häufig eingesetzt, wenn man keine guten, sachlich begründeten Argumente hat.)

---

[1] Gülleanlage: techn. Einrichtung, mit deren Hilfe Abfallprodukte von Tieren gelagert und aufbereitet werden.

Berater: Welche Vorzüge hat die Holzgrube denn, Ihrer Meinung nach?
Kunde: Erstens, weil eine Güllegrube immer aus Holz gemacht worden ist. Dafür werden's schon Gründe gehabt haben. Und überhaupt Beton! Wer hat schon von einer Güllegrube aus Beton gehört?

Jetzt weiß der Berater zweierlei:

1. Der Kunde hat keine guten Gründe anzubieten.
2. Er hat zunächst sehr heftig protestiert, so daß ihm die Holz-Grube doch »am Herzen« liegen muß. Also weiß der Berater jetzt, daß er seine Strategie so planen muß, daß er die *bio-* und *psycho-*logischen Aspekte miteinbezieht.

Nur wenn wir es lernen, solche Analysen vorzunehmen, können wir eine Strategie planen, die »logisch« ist.

6.4. Kategorie 3: Unzulässige Schlußfolgerungen/ Annahmen über die Situation

Wiederum kann man das Beispiel des Stereoanlagen-Beraters auch hier eingliedern, weil seine Denkrinne gleichfalls eine falsche Schlußfolgerung darstellen würde, wenn er denkerisch zu dem Schluß gekommen wäre, er wüßte, was der Kunde will (statt automatisch, routinemäßig zu unterbrechen).

Eine Schlußfolgerung ist eine Folgerung, zu der wir aufgrund gewisser Daten/Fakten/Informationen gekommen sind. Hier unterscheidet man jetzt in der formalen Logik zwischen Schlüssen, die *valide* (logisch korrekt) sind und solchen, die wahr sind. Im folgenden finden Sie zwei Syllogismus-Angebote. Ein Syllogismus besteht aus einer Schlußfolgerung, die aus zwei Aussagen (sog. Prämissen) hergeleitet wurde, so daß ein Syllogismus immer aus drei Sätzen besteht:

6.5. Klassischer Syllogismus

1. Alle X sind Y.
2. T ist X.
   Demzufolge: T ist Y.

Nun geht man davon aus, daß eine Schlußfolgerung valide (logisch korrekt) sein kann, egal ob die Prämissen wahr oder unwahr sind. Gleichermaßen kann man von wahren Prämissen auch falsche (von der Logik her) Schlußfolgerungen ziehen. Diese sind dann unzulässig:

Beispiel 1: Alle Menschen sind sterblich.
Sokrates ist sterblich.
Demzufolge ist *Sokrates* ein Mensch.

Beispiel 2: Alle Spinnen haben 53 Beine.
Charley ist eine Spinne.
Demzufolge hat Charley 53 Beine.

Nun ist das erste Beispiel zwar *wahr*, aber nicht valide. Also ist die Schlußfolgerung unzulässig. Während die Schlußfolgerung des zweiten Beispiels valide (zulässig) ist, wiewohl wir genau wissen, daß die Aussage »alle Spinnen haben 53 Beine« nicht wahr ist.

Was halten Sie von folgender Logik?

»Eine Untersuchung von 5000 Drogenabhängigen (Heroin-Süchtigen) hat gezeigt, daß 93 % von ihnen mit Marihuana angefangen haben. Wieder einmal hat sich gezeigt, wie gefährlich es ist: 93 % aller Marihuana-Raucher steigen später auf harte Drogen um« (CBS[1]-Report, 1969).

Haben Sie gemerkt, wo die Unzulässigkeit liegt? Es handelt sich hier um einen unzulässigen Umkehrschluß. Eine Gegenstudie (ebenfalls in USA) hat nämlich bewiesen, daß von 5000 Marihuana-Rauchern, die jeweils länger als vier Jahre geraucht haben, nur 17 % jemals eine andere Droge (z.B. Hasch/Kokain/Heroin/LSD) probiert haben und daß nur 12 % die andere (härtere) Droge später regelmäßig eingenommen haben!

Daraus können wir die nächste Regel ableiten:

Regel Nummer 10:
Je wahrscheinlicher eine Schlußfolgerung klingt, desto eher hält man sie für logisch, d.h. für zulässig (valide).
Je unwahrscheinlicher sie klingt, desto eher wird sie angezweifelt.

Nun gilt es allerdings noch festzuhalten:

Eine zulässige Schlußfolgerung, die von zwei wahren Prämissen hergeleitet wurde, ist immer auch wahr (weil sie valide ist).

[1] CBS = eine der größten Fernsehanstalten der USA.

Beispiel:

Prämisse 1:	Alle Menschen sind sterblich.
Prämisse 2:	*Sokrates* ist ein Mensch.
Schluß:	*Sokrates* ist sterblich.

Wenn Sie solche Schlußfolgerungen üben wollen, brauchen Sie nur obiges Schema anzuwenden:

Im ersten Satz wird die Aussage gemacht, die alle Mitglieder der Gruppe XXX betrifft, wobei die beschreibende Angabe (in unserem Beispiel *sterblich*) rechts stehen muß.

Im zweiten Satz steht links ZZZ, d.h. also das Objekt, über das wir die Aussage machen, daß es zur Gruppe der XXX gehört. (*Sokrates* ist ein Mensch.)

Im Schluß steht links direkt darunter wieder dieses eine Wort, und rechts der Begriff, der im ersten Satz ebenfalls rechts gestanden hatte:

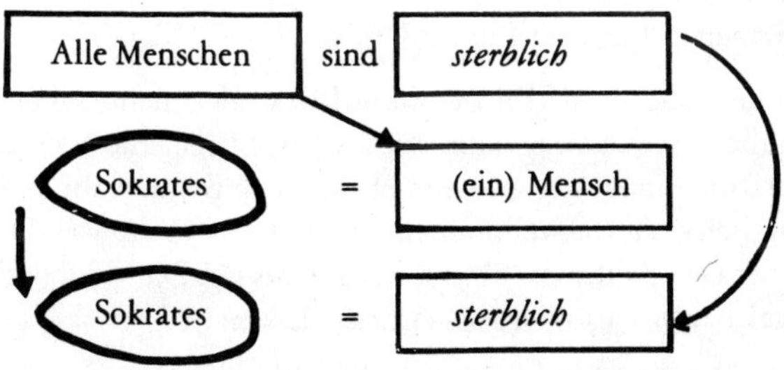

Es gibt noch eine andere Art der Schlußfolgerung, und zwar eine, die eine Kausalität erstellt, d.h. eine Kette von Ursache und Wirkung.

6.6. Die Kausalkette

Dabei gilt es zu bedenken, daß gerade bei Kausalketten gewisse Denk-Gefahren bestehen. Wenn ein Mensch nämlich festgestellt hat, daß eine bestimmte Ursache eine bestimmte Wirkung erzeugt, dann meint er, dies müsse *immer* so sein, nur weil er es zehn- oder 100mal beobachtet hat. Dieser Mechanismus ist an und für sich sinnvoll, weil er uns hilft, Regel-

und Gesetzmäßigkeiten zu finden. Dies kommt unserem Bedürfnis nach Ordnung und nach Orientierung (MASLOW II, Kap. 1) zugute. Allerdings kann eben dieser Prozeß gewisse Denkrinnen schaffen.

Zum einen kann es sein, daß man eine Korrelation[1] für kausal hält. Weil man z.B. oft beobachtet hat, daß alte Leute auch weise waren, meint man, daß Alter a priori auf Weisheit schließen lasse. Oder: Weil die meisten Kinder noch nicht »weise« sind, meint man, in einem Kinde nie Weisheit entdecken zu können. Oder: Weil man doch »weiß«, daß die Nachrichten im Fernsehen nicht »lügen«, meint man, daß alles, was im Fernsehen in den Nachrichten erzählt wird, auch unbedingt wahr sein müsse . . .

Was die Korrelation angeht, ein Fallbeispiel: Ende der sechziger Jahre glaubte die Medizin, daß folgender Schluß valide sei:

1. In den Jahren 1945 bis 1967 stieg der Pro-Kopf-Verbrauch an Zigaretten erheblich an.
2. Im selben Zeitraum ist das Vorkommen an Lungenkrebs ebenfalls erheblich angestiegen.

ergo: Rauchen führt zu Lungenkrebs.

Ob nun Rauchen zu Lungenkrebs führt oder nicht, sei einmal einen Augenblick lang dahingestellt. Wesentlich ist hier die Validität der Argumentation, unabhängig davon, ob der Schluß nun wahr ist oder nicht: Ein englischer Autor stellte in einem Büchlein »You May Smoke« fest, worin der Denkfehler des obigen Arguments lag: Die Wissenschaftler hätten zwei Faktoren unberücksichtigt gelassen:

1. In den Jahren 1945 bis 1967 sind die Möglichkeiten der Krebserkennung durch bessere Diagnosegeräte und -methoden erheblich gestiegen.
2. Im selben Zeitraum haben sich mehr und mehr Leute sicherheitshalber auf Krebs (Vorsorge) untersuchen lassen.

Das heißt, es mußte auf alle Fälle ein erhöhtes Volumen an Krebsdiagnose stattfinden.

Eine Studie in den USA hat gezeigt, daß Menschen einen Korrelations-Schluß besonders dann für valide halten, wenn die Schlußfolgerungen *ihre eigene Meinung* widerspiegelt. Also können Anti-Raucher die letzte Argumentation schwerer akzeptieren als Menschen, die *nicht* gegen das Rauchen eingestellt sind.

---

[1] Korrelation = gleichzeitiges Auftreten von zwei oder mehr Faktoren

6.7. Selbstabdichtende Erklärungen

Eine weitere Gefahr des Kausalschlusses liegt in der Tatsache, daß der Mensch dazu neigt, sog. »selbst-abdichtende« Erklärungen zu erstellen. Das sind Erklärungen, die zu einer Annahme werden, welche nicht mehr falsifiziert werden kann WATZLAWICK (48). Damit meint man Schlußfolgerungen, die für uns so absolut »gelten«, daß wir selbst akute Gegenbeweise verdrehen, damit sie unsere These »beweisen«. Man wird am Ende unfähig, auch nur theoretisch anzunehmen, daß es »anders« sein könnte. Dazu sagt WATZLAWICK (48) in einer Fußnote:

Mit Hilfe solcher unwiderlegbaren Beweisführungen kommt man schließlich zu Überzeugungen, deren Unerschütterlichkeit nur von ihrer Merkwürdigkeit übertroffen wird. Besteht z.B. die Annahme darin, daß Krankheiten durch Gebet geheilt werden können, so »beweist« der Tod des Patienten, daß sein Glaube zu wünschen übrigließ, und dies wiederum »beweist« die Richtigkeit der Annahme von der Macht des Gebetes.
Mit ganz ähnlicher Logik erklärt Stalin-Preisträger Sergej MICHALKOV in einem Interview schlicht: »Ein überzeugter Kommunist kann kein Antikommunist werden. Ein Kommunist war SOLSCHENIZYN nie.«

Man wird vielleicht etwas vorsichtiger, wenn man diese Denk-Fallen in Betracht zieht: Vielleicht hat doch der andere recht? Vielleicht handelt es sich um eine Wirklichkeit zweiter Ordnung (Kap. 2), in welchem Falle »keiner alleine recht« hätte? Vielleicht sitzen wir in einer Denkrinne und können »oben« nicht mehr herausgucken?
Wer seine Fähigkeit, Aussagen logisch richtig zu interpretieren, testen möchte, dem seien die *Logeleien von ZWEISTEIN* (50) empfohlen.
Auch die Mengenlehre ist eine hervorragende Methode, das Denken zu trainieren.
Allerdings fällt diese Mengenlehre gerade den Menschen so schwer, die »anders« zu denken gelernt haben und die jetzt in ihrer Denkrinne sitzen.

6.8. Die Strategie

Wenn wir jetzt davon ausgehen, daß A, der B überzeugen will, Aussagen des B von der Logik her richtig einstufen kann, dann hat er nur einen Teil seiner Aufgabe erfolgreich gelöst: den inhaltlichen. Gleichzeitig jedoch muß er seine Strategie richtig planen. Auch hierzu muß er logisch denken können. Denkfehler führen sonst zur falschen Strategie.

Zum Beispiel:

Herr Y unterhält sich mit Frau Z. Herr Y glaubt zu wissen, daß Frauen nicht logisch denken können. Also wird er seine Strategie dementsprechend anlegen. Wenn aber Frau Z logisch denken kann, dann kann es sein, daß er dies zunächst *gar nicht merkt*, weil er ja von der Annahme ausgeht:

1. Alle Frauen können nicht logisch denken.
2. Frau Z ist eine Frau.

Ergo: Frau Z kann nicht logisch denken.

Dieses Argument ist logisch valide. Es ist nur unwahr, weil die erste Prämisse unwahr ist.

Nachdem mein erstes Buch erschien, bekam ich den Brief eines Herrn Y, der mir u.a. wörtlich schrieb: »Als ich Ihr Buch gelesen hatte, empfahl ich es meinem Freund. Ich hatte gar nicht bemerkt, daß Sie eine Frau sind. Ich sagte ihm nur Ihren Nachnamen. Als er mich später darauf aufmerksam machte, daß es zwei BIRKENBIHLs gäbe und daß ich ihm den Vornamen hätte nennen müssen, stritt ich mich mit ihm bis aufs Messer. Es wollte mir einfach nicht einleuchten, daß eine Frau ein derart logisches Buch verfaßt hätte!« Zwar waren diese Worte als Lob gemeint, aber m.E. spricht diese Aussage nicht so sehr für mich als *gegen das Vor-Urteil* dieses Herrn Y. Dessen Frau, die ich später ebenfalls kennenlernte, sagte mir, daß sie jahrelang darunter gelitten habe, weil er immer

- alles dreimal sagte, damit sie es auch »begreifen könne«,
- sämtliche Schlußfolgerungen mitlieferte, als könne außer ihm in der Familie kein Mensch denken (er hatte zwei Töchter),
- ständig behauptete, gewisse Dinge seien doch »logisch«, aber das könnten *sie* wohl nicht verstehen,
  usw.

Nun sieht die Praxis meist so aus, daß sich Familienmitglieder entweder wehren oder unterdrücken lassen. Aber bei Verhandlungen mit Kunden können wir uns solche Denkfehler, die dann zu strategischen Fehlern führen, nicht leisten. Denn der Kunde braucht sich das ja nicht gefallen zu lassen. Insbesondere heutzutage, wo es in kaum einer Branche noch

»weiße Flecken« auf der Landkarte gibt, d.h. wo alle Neukunden aus dem »Gebiet« der Konkurrenz gewonnen werden müssen, ist dies ein nicht zu unterschätzender Faktor.

6.9. Fallbeispiel: Landmaschinenberater

Ein neuer Berater einer Landmaschinenfirma machte seine ersten Besuche bei Kunden. Er trifft die Frau und den Sohn an, grüßt die Bäuerin, ohne dem Jungen Beachtung zu schenken, stellt sich vor und fragt dann, ob der Bauer da sei.

Die Bäuerin: »Der ist auf dem Feld, worum geht es denn?«

Der Berater geht auf ihre Frage nicht ein:

»Wann wird er denn wieder da sein?«

»Worum geht es denn?« fragt die Frau zum zweitenmal.

Wieder weicht er aus. Zufällig kommt der Bauer gerade heim.

Der Berater beginnt erleichtert sein »Männergespräch«, allerdings sagt jetzt der Bauer:

»Das hätten Sie genausogut mit meiner Frau besprechen können. Erstens wird der Traktor meistens von ihr und dem Buben gefahren (deutet auf seinen 13jährigen Sohn, den der Berater völlig mißachtet hatte) und zweitens kaufen wir den Schlepper gemeinsam oder gar nicht.«

Dieser Bauer arbeitet nämlich in einer Fabrik, so daß der Hof überwiegend von der Familie bewirtschaftet wird.

Hier hatte der Berater zwei Denk-Fehler gemacht:

1. Mit Frauen kann man über technische Dinge nicht reden.
2. Kinder haben bei einem Kauf eines so teuren Gerätes überhaupt nichts mitzureden.

Zugegeben, er kam aus der Stadt. Vielleicht denken Sie nun, jemand in seiner Firma hätte ihm das sagen müssen. Aber, die nächste Regel zeigt uns, warum dies vergessen worden war:

> **Regel Nummer 11:**
> **Was uns geläufig, gewohnt, völlig »normal« erscheint, erklären wir nicht.**

Im Nachhinein war dem Niederlassungsleiter klar, daß jemand die Sachlage hätte erklären sollen. Aber es erschien den »alten Hasen« dermaßen »normal«, daß keiner daran dachte.

Dies gilt für unsere Strategie ebenfalls. Deswegen sagten wir ja, das Motto zu diesem Buch sei:

> **Kühner, als das Unbekannte zu erforschen,**
> **kann es sein, das Bekannte zu bezweifeln.**

Vielleicht könnte dieser Satz von KASPAR Ihnen helfen, in Zukunft nicht mehr alles »Bekannte« nur als bekannt hinzunehmen, und nicht mehr automatisch davon auszugehen, daß Sie einen Routinefall mit einem Routineproblem vor sich haben, welches Sie routinemäßig mit dieser oder jener erprobten Strategie lösen wollen. Dann, aber nur dann, haben Sie die Chance, unsere fünf Regeln des Vorwortes mehr und mehr außer Kraft zu setzen. Damit erhöht sich auch Ihre Chance, die ab Kapitel 5 erarbeiteten 12 Regeln *aktiv* anwenden zu lernen. Hier ist die zwölfte:

> **Regel Nummer 12:**
> **Im Zweifelsfalle gar nichts sagen –**
> **lieber irgend etwas fragen.**

6.10. Die Logik des Fragens, strategisch betrachtet

Eine fragende Strategie hat folgende 12 Vorteile:

I. BIOLOGISCHE VORTEILE:

1. Fragen können (wenn sie ruhig und sachlich gestellt werden) kaum als Angriff aufgefaßt werden, so daß jede Frage die Gefahr von Rep.-Reaktionen verringert.
2. Fragen »reizen« das Denk-Hirn, so daß eine etwaige teilweise vorhandene Denk-Blockade über Fragen am leichtesten aufgelöst wird.

II. PSYCHOLOGISCHE VORTEILE:

3. Jede Frage stellt eine SE (Streicheleinheit) dar. Sie zeigt Anerkennung und Respekt für den anderen. Sie zeigt ihm, daß uns seine Information, seine Meinung, seine Situation interessiert. Daher baut sie die »Brücke« zum anderen und verhindert das Aneinander-vorbei bzw. das Gegeneinander.
4. Außerdem helfen Fragen, die Beziehungs-Ebene positiv zu erhalten (bzw. wieder zu verbessern), so daß die Gefahr des psychologischen Nebels verringert wird.

III. LOGISCHE VORTEILE:

5. Wir überprüfen die Information des Gesprächspartners.
6. Wir überprüfen, ob Mißverständnisse vorliegen.
7. Wir ahnen Denkrinnen des anderen, ehe er verärgert wird, falls unsere Informationen seine Denkrinne anzugreifen scheinen.
8. Wir erfahren, welche Argumente er in seiner Argumenten-Truhe hat, ehe wir unsere »Karten« gezeigt haben (Kap. 5).
9. Somit können wir, *ehe* wir anbieten, entscheiden, ob unser Angebot für ihn wohl attraktiv sein wird, bzw. wir wählen unter verschiedenen möglichen Angeboten das für ihn passende aus.
10. Wir können durch die Kontrollfrage (»Angenommen ... ?«) Vor-Wände leichter von Einwänden trennen. Dies wiederum gibt uns einen wichtigen Hinweis auf unsere Strategie (Vor-Wände keinesfalls entkräften, wegen der Gefahr, die Diskussion zu gewinnen, aber den Kunden zu verlieren).
11. Wir führen den anderen gedanklich dorthin, wo wir ihn haben wollen. Damit ersparen wir uns lange Erzählungen, die oft nur schwer wieder abzubremsen sind (insbesondere beim Kunden: Vielredner).
12. Während er antwortet, können wir nachdenken: Über das, was er gesagt hat und darüber, was die Information in bezug auf unser Angebot bedeutet.

6.11. Zwölf Grundsätze erfolgreicher Verhandlungs-Strategie

Hier zum Schluß noch einmal zusammengefaßt die 12 Regeln, die uns helfen, eine erfolgreiche Strategie zu planen:

1. Je mehr mir an dem Ziel liegt, das ich zu erreichen trachte, desto mehr Energien muß ich investieren.
2. Es muß sich der Versuch lohnen, B von meinem Angebot zu überzeugen, und zwar für beide.
3. Wenn der andere ablehnt, versuche ich zu erfahren, warum er ablehnt.
4. Wer fragt, führt!
5. Wenn B zu unfairen Kampfmaßnahmen greift, muß ich mich mit diesen so analytisch wie möglich auseinandersetzen, wenn ich strategisch geschickt vorgehen will.
6. Wenn der Verdacht besteht, daß ein Argument von B ein Vor-Wand sein könnte, darf ich diesen Grund keinesfalls entkräften.
7. Wird die Angenommen-Frage mit Nein beantwortet, stelle ich eine Informationsfrage, um nach weiteren Gründen zu forschen. Wird die Angenommen-Frage bejaht, dann handelt es sich mit großer Wahrscheinlichkeit um einen Einwand.
8. Wenn mehrere Vor-Wände nacheinander folgen, besteht die Gefahr von negativen Gefühlen beim anderen. Jetzt über die Gesamt-Situation sprechen statt über mein Ziel.
9. Falls das Gespräch »grundlos« zum Aneinander-vorbei bzw. Gegeneinander wird, kläre ich ab, ob wir überhaupt dasselbe meinen!
10. Je wahrscheinlicher eine Schlußfolgerung klingt, desto eher hält man sie für logisch, das heißt für zulässig (valide). Je unwahrscheinlicher sie klingt, desto eher wird sie angezweifelt.
11. Was uns geläufig, gewohnt, völlig »normal« erscheint, erklären wir nicht.
12. Im Zweifelsfalle gar nichts sagen – lieber irgend etwas fragen.

6.12. Inventur-Übung Nr. 6

Zum Abschluß wieder eine Inventur-Übung: Suchen Sie beim Zeitungslesen unzulässige Schlußfolgerungen, anhand deren der Artikelschreiber Sie überzeugen möchte, ohne auf Ihre Fähigkeit, logisch zu denken, Rücksicht zu nehmen. Sie werden feststellen, wie viele Argumente man nur allzuleicht akzeptiert, weil sie so »logisch« klingen!

Prüfen Sie zwei Faktoren, wenn Sie die »Wahrheit« finden wollen:

1. Sind die Prämissen überhaupt wahr?
2. Wenn ja, ist die Schlußfolgerung valide?

Wenn beide Fragen mit Ja beantwortet werden können, dann ist die Schlußfolgerung sowohl zulässig als auch vom Inhalt her wahr.

Kann nur die erste Frage mit Ja beantwortet werden, dann kann die Schlußfolgerung zwar wahr sein, selbst wenn sie logisch unzulässig ist, sie muß es aber nicht sein.

Kann nur die zweite Frage bejaht werden, dann ist die Schlußfolgerung eben nicht wahr, auch wenn sie valide ist, selbst wenn man *meint*, es müsse stimmen ...

Teil II:

Experimente/Spiele/Übungen

Kapitel 7

Erfolgskontrolle zum Text von Teil I dieses Buches

7.1. Vorbemerkung

Im folgenden finden Sie drei Teile:

1. Bio-logik der Verhandlungs-Situation
2. Psycho-logik der Verhandlungs-Situation
3. und Logik der Verhandlungs-Situation.

Bitte versuchen Sie, die fehlenden Informationen zu ergänzen. Ganz rechts am Rand finden Sie die Seitenangaben, falls Sie nachsehen wollen. Aber beachten Sie bitte, daß oft die nächsten ein, zwei Fragen bereits Licht auf eine Lücke im Wissen werfen können. Also sehen Sie vorne nur nach, wenn Sie den Sinn nicht ohne diese Hilfe ergänzen können.

7.2. Teil 1: Zur Bio-Logik

1. Das ______________ denkt, das _________ lenkt (viele unserer Verhaltensweisen). 34
2. Das Reptiliengehirn unterscheidet sich in der Funktion durch nichts von dem _________ eines Reptils; die Gehirnmasse ist von _________ Farbe. 35
3. Die berühmten »grauen Zellen« hingegen befinden sich im _______ -hirn (Großhirnrinde, Kortex, Neuhirn). 35
4. Erdgeschichtlich betrachtet, können wir uns die gesamte Evolution unseres Planeten (mit seinem Leben) im Zeitraffer auf ________ ________ zusammengepreßt vorstellen: Der Dinosaurier erschien dann am ______. ______ und verschwand am ______. ______ wieder, während der Mensch am _______. 35

______ nach 21 Uhr erschien und um ________ ________
vor Mitternacht erst den Ackerbau erfand!

5. Im Zweifelsfall übernimmt das ______________ die Kontrol- 35
le. Wenn dies geschieht, dann reagieren wir »unkontrolliert«, un-
bedacht, kopf-los, irrational, emotional, »stur« usw.

6. Das Reptiliengehirn greift immer dann ein, wenn seine eigenen 36
______________ gefährdet werden. Dann schaltet es auf
»Alarm« um, was wiederum einen Mechanismus auslöst, den wir
__________ - oder __________ -verhalten nennen. (In der
Gruppendynamik spricht man auch von BIONs Prozessen).

7. Wir können auch sagen: Das Rep. wird immer durch ____ - 36
gefühle ausgelöst.

8. Die erste Reaktion bei akuter ________ für Gesundheit oder 37
Wohlbefinden löst oft eine »totale« ______________ aus. Wir
nennen solche Reaktionen oft »instinktiv«, » ____________ «
oder »unbewußt«.

9. Wiewohl wir meistens von Kampf- *oder* _________ -Manövern 37
sprechen, können auch *beide* auftreten, z.B. wenn jemand einer
Situation ent-*flieht*, dabei aber aggressiv, nach-*drück*lich, kämpfe-
risch die Türe zuknallt!

10. Das Rep. ist in erster Linie für die Absicherung des _______s, 37
der ______________ und des ______________s zuständig.

11. Da aber unser Wohlbefinden auch von den sog. »höheren Bedürf- 38
nissen« abhängen kann, schaltet sich das ________________
häufig auch dann ein, wenn unser Überleben nicht direkt gefähr-
det wird.

12. Deshalb können wir die (Doppel-)Funktion des Rep. wie folgt 38
zusammenfassen: Es will _______ suchen und ____________
vermeiden.

13. Die Befriedigung vitaler Bedürfnisse nennen wir daher _____, 39
während wir die Nicht-Befriedigung derselben mit ___________
bezeichnen.

14. *Bio*-logisch gesehen können wir sagen: Zwei Drittel des mensch- 47
lichen Reaktionsspektrums werden vom ____________ ge-
steuert, während nur ein Drittel vom ______________ gelenkt
wird. Im Diagramm sieht das so aus:

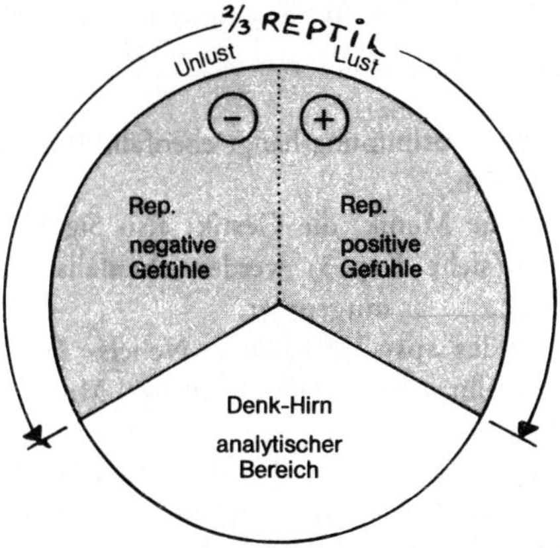

15. Den Gedanken: »Das Denk-Hirn denkt, das Rep. lenkt«, könnten wir auch anders ausdrücken: »Das Denk-Hirn denkt, der ______ ________ lenkt unser Verhalten.«
16. Starke _______-Gefühle (z.B. Wut/Angst/Schmerz) können nicht sofort nachlassen, weil die _______ -hormone in unserem »Sieb« im ____________ nicht sofort wieder abgebaut werden können. 51
17. Eine Denkblockade kann durch zwei Faktoren ausgelöst bzw. erhalten bleiben: 51
17.1: Durch die erste ________ -Reaktion des ________ -gehirns (indem es die ________ -hormone auslöst, die jetzt in das »Sieb« fließen), und:
17.2: durch eine ____________ von Kampfhormonen im » _______ «, die jetzt nicht sofort abgebaut werden können.
18. Auch bei intensiver Freude kann es zu einer (partiellen) ___-blockade kommen, nämlich dann, wenn sich derzeit sehr viele ________ -hormone in unserem »Sieb« _______________. 52
19. So daß wir sagen können: *Bio*-logisch gesehen werden unsere Gefühle und Stimmungen von unseren ____________ »produziert«. Wenn wir z.B. eine Wut »im ________« haben, dann ist unser Blut mit zu vielen Kampf- __________ angereichert; wenn wir hingegen die Welt durch eine »________ Brille« wahr-nehmen, dann sind es die ________ -hormone, die uns so gut »fühlen machen«. 53

20. Da wir Unlustgefühle erleiden müssen, wenn wir tolerant sind, wird die Fähigkeit zur __________ von *bio*- __________ Faktoren mitbestimmt. 57
21. Unsere derzeitige Stimmung hängt ebenfalls von ____ -logischen Faktoren ab. 53
22. Der Tonfall, die Mimik, die Gestik: also Signale der Beziehungs-Ebene (siehe Kap. 3), werden ebenfalls von *bio*-logischen ____________ mitgeprägt. 63
23. Das Konzept des »psychologischen Nebels« (nach FESTINGER) beschreibt einen *bio*-logischen Mechanismus aus *psycho*- ____________ Sicht. 63
24. Aussage-Typen, wie die in Kap. 3 analysierten, lassen auf *bio*- ____________ Mechanismen schließen, auch wenn sie zunächst »logisch« d.h. rational oder sachlich ____________. 68
25. Auch moralischer oder sozialer Druck läßt auf __________ -verhalten schließen, welches vom Rep. mitbeeinflußt wird. 71
26. Ebenfalls lassen Zugeständnisse oder Versprechen, die man später nicht halten kann, auf ____________-verhalten, also auf *bio*-logische ____________ schließen. 74
27. Da jedes Ziel eine Bedürfnis-Befriedigung darstellt, und da die Gefährdung des Zieles Unlust- ____________ auslöst, müssen wir bei Frustrationsgefahr ebenfalls auf *bio*-logische Aspekte achten. 84
28. Die Energien, mit denen ein Motiv »finanziert« wird, sind *bio*-logisch als Kampf- ____________ zu betrachten, da sie ja produziert wurden, um Unlustgefühle zu ____________. 79
29. Ein Vor-Wand, also eine »________ «, die man vor-schiebt, um sich derzeit dahinter zu »verstecken«, muß zu den Flucht- ____________ gerechnet werden, d.h. hier werden bereits __________-hormone produziert. 125
30. Wenn mehrere Vorwände nacheinander vorgebracht werden, besteht die große Gefahr einer partiellen Denk- __________, des anderen ____________. Hier wird die Verhandlung »abrutschen«, wenn diese *bio*-logischen ____________ übersehen werden! 132

7.3. Teil 2: Zur Psycho-Logik

1. Bitte tragen Sie die Bedürfnisse in MASLOWs Hierarchie, die hier als Bedürfnis-Turm dargestellt ist, ein: 39

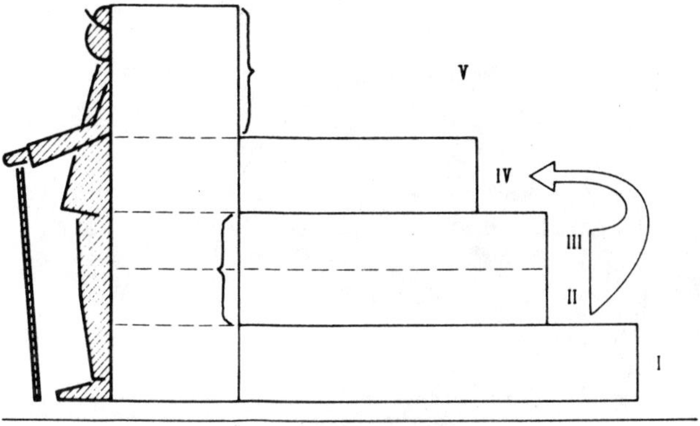

Maslows Bedürfnis-Hierarchie (nach 29)

2. Man erkennt den Menschentyp mit einem Sicherheits-Defizit auf den Stufen ______ und ______ daran, daß er versucht, die mangelnde innere Sicherheit durch äußerliche Sicherheit auf der ______ Stufe zu kompensieren (d.h. auszugleichen). Dieser Menschentyp ist an folgenden Charakteristika zu erkennen: 43
2.1: Er ________ oft, wenn er ein Kampf-Typ ist, bzw. er geht regelmäßig zu ________-verhalten über, wenn er ein Flucht-Typ ist. 43
2.2: Er ist oft ______-______-______ , weil das Rep. ihm so oft wertvolle Energien von der ______-Arbeit abzieht! 44
2.3: Er _______ oft _______, positiv wie negativ. 43
2.4: Er hat häufig Schwierigkeiten, die ___________ wahrzunehmen, d.h. er neigt zu pessimistischer Einstellung anderen gegenüber. 44

2.5: Er versucht sein _____________-Defizit durch den Versuch, _____________ auszuüben, zu kompensieren. 44
2.6: Er ist sehr ____________. 45

3. *Psycho*-logisch gesehen sieht unser Diagramm der drei Reaktionsbereiche des Menschen wie folgt aus: 48

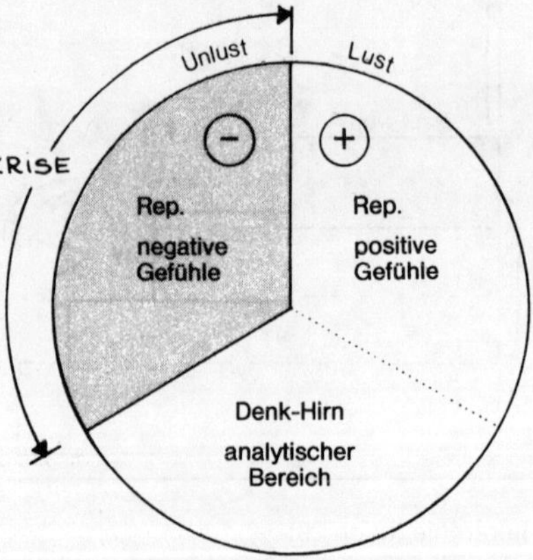

4. Das Sicherheits-Bedürfnis der ________. Stufe MASLOWs ist u.a. für folgende Faktoren »zuständig«: 40
4.1: Das Wissenwollen, ________ man ist. 40
4.2: Das Wissenwollen, ________ man sich verhalten darf, soll, muß, also Sicherheit was »Benehmen«, Sitten und Gebräuche angeht. 40
4.3: Das Wissenwollen, ________ man ________.
4.4: Das Absichernwollen der _____________. 40

5. WATZLAWICK rät uns in seinem hervorragenden Buch: »Wie wirklich ist die Wirklichkeit«, zwischen zwei Arten der _____________ zu unterscheiden: 56
5.1: Wirklichkeiten _________ ___________ (meßbare, überprüfbare Tatsachen, z.B. das spezifische ________ von Gold) und
5.2: Wirklichkeiten _________ _________ (Meinungen, Standpunkte, Annahmen, Werte und Wert-Urteile, z.B. der _____, den Gold für ein Individuum, einen Kulturkreis, eine Epoche haben kann). 56

6. Toleranz heißt: er ____________, er ____________, und 56
er ____________, d.h. sie löst ____________-gefühle aus.
7. Viele Menschen fühlen sich sofort verunsichert (MASLOW II), 57
wenn man ihre Meinung, ihre Standpunkte, ihre Art und Weise, etwas zu sehen (wahr-zu-nehmen), in Frage stellt! Die meisten Menschen produzieren zahlreiche (unnötige!) _______-hormone, nur weil jemand:
eine ____________ vertritt, die sie nicht teilen,
ein ____________ zeigt, das mit ihren Erziehungsprozessen nicht übereinstimmt,
von unterschiedlichen ____________ ausgeht,
andere Vor- ______ (und Wert- ________) besitzt, eine Situation anders ______-nimmt.
8. Wenn man anderer Meinung ist als ein Gesprächspartner, sollte 60
man sich fragen: Handelt es sich bei diesem (Streit-)Punkt um eine __________ __________ __________ oder um eine __________ __________ __________. Im letzten Fall wird der *psycho*-logische Nebel kaum ausbleiben.
9. Nach dem eigenen Nutzen analysiert, kann man sich auch fra- 60
gen: »Was habe ich ______, wenn ich den anderen _____-zeuge bzw. überrede?«
10. Sollte die Rechtfertigung dafür, andere von meiner Meinung 60
überzeugen zu wollen, durch ein: »Ich will ihm ja nur helfen«, erklärt werden, dann lohnt es sich, noch einmal darüber nachzudenken. (Vgl. auch Analysen, Kap. 3) Denn hier besteht der wirkliche persönliche Vorteil oft lediglich darin, die eigene Meinung nicht _________ zu müssen! Es ist daher fraglich, ob wir das ______ haben, den anderen zu der Meinungsänderung überreden zu wollen, zu der wir selbst ja ebenfalls nicht bereit sind! (dies gilt insbes., wenn der andere sich sträubt und wehrt, also gegen unsere Meinung kämpft!) Es ist also eine Frage der ____________, als eine der »Logik«, wenn wir der Sturheit des uns Widersprechenden mit gleicher Sturheit begegnen!
11. Nach WATZLAWICK (46) unterteilen wir jede Kommuni- 61
kationssituation in zwei Ebenen:

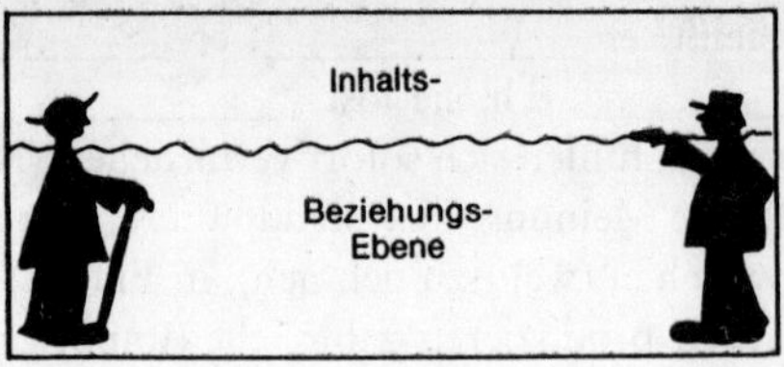

12. Bei dem Satz: »Sind die Perlen echt« können wir sagen: die *Worte* 62
sind der ______________-Ebene zuzuordnen. Zur ______
__________-Ebene hingegen zählen u.a.: der Tonfall, die
Laut- _________, die Mimik, die Gestik, Pausen, Sprachmelodie usw., also Signale der sog. Körper- ________.

13. Wird die Beziehungs-Ebene negativ, nimmt der andere nur noch 63
Bruchteile der ______________ auf, die ich ihm geben möchte.

14. Wir sprechen dann, nach FESTINGER, vom ______ _____. 63

15. RATTNER (31) wies darauf hin, daß »Ver-nunft« ja von _____
_______ hergeleitet wird. Je stärker der ____________ Nebel 63
beim anderen, desto weniger kann er jetzt ___________ oder
wahr- __________, desto weniger »vernünftig« (rational, einsichtig, analytisch) kann er also zwangsläufig sein.

16. Lautstärke ist ein klares _________-Signal, welches in unse- 65
rem WATZLAWICK-Modell der ________-Ebene zugeordnet
werden muß.

17. Lautstärke sowie Nach-Druck weisen auf Kampf- __________ 65
hin, die sich jetzt im _________-Ausüben auflösen.

18. Worte wie: »alle«, »keine«, »nie« oder Redensarten wie: 66
»Man muß . . . «, »Man soll . . . «, oder: »Das weiß man
doch! . . . « werden oft eingesetzt, um den _____________ zu
erwecken, man spräche von universalgültigen, einzigartigen,
unbestreit- _____ Wirklichkeiten _________ Ordnung.

19. Aussage-Typ Nr. 1 lautet: _______ _______ ____________! 67
Hierzu gehören auch Aussagen wie: »Jetzt denk mal darüber
nach« u.ä. Da aber Vernunft aus Vernehmen hergeleitet wird,
erreicht diese Aussage oft das Gegenteil, nämlich immer dann,
wenn sie den anderen in den ______________ Nebel schickt,
was gleichzeitig die Beziehungs- ____________ verschlechtert,
was wiederum die Krise ______________ kann!

20. Aussagen wie: »Wenn Du ... dann ________ Du doch ... «, 68
beinhalten die Gefahr, die ______________ zu gewinnen, darüber jedoch die __________-Ebene zu verschlechtern (bzw. den Kunden zu verlieren). Aber Recht hat man gehabt!

21. Aussagen wie: »Du ________ doch ... ?!«, werden immer 70
dann als Angriff (Kampfmanöver) empfunden, wenn einem hier _________ und _________ unterschoben werden, die einen nicht interessieren. (Vgl. auch KITA und Karotte, Kap. 4)

22. Aussagen wie: »Ich habe Dir doch neulich auch _________«, 71
weisen auf ______________ Druck hin. Diese Art von Druck ist deshalb so diabolisch, weil man hier dem anderen unterstellt, er stehe in meiner _________.

23. Aussagen wie: »Alle _________ ... doch auch!« weisen auf 71
_________ Druck hin. Die meisten Menschen haben Angst 72
(Unlustgefühle) bei dem Gedanken, sich gegen die Wünsche, Meinung, Einstellungen anderer zu stemmen. (Vgl. auch Punkt 18 in diesem Abschnitt sowie den Druck, »normal« zu sein, Kap. 2)

24. Die Plus-Situation (Vorwort) stellt, wenn der andere sofort Ja 74/
gesagt hat, ein Miteinander durch ______________ dar. Hier 75
handelt es sich nicht um »Erfolg« für A (der ja von B »etwas« will), sondern um ______________.

Miteinander
durch Überschneidung

25. Der wirkliche Verhandlungserfolg (bzw. -mißerfolg) wird sich 75
erst ergeben, wenn (zunächst) eine ______________ zu überbrücken ist, weil B Nein gesagt hat:

Distanz = trennend

26. Optimal wäre das Miteinander durch ____________, wenn das Nein gefallen ist, also ein Miteinander durch Eingehen auf die Bedürfnisse (Ziele, Motive) des anderen! 75

Miteinander
durch Brückenbau

27. »Motus« (lat.) heißt »die ____________«. Ergo ist ein Motiv etwas, was uns an ein Ziel (= Bedürfnis-Befriedigung) hin- ____________ soll. 78
28. Jedes Motiv ist mit ____________ besetzt, welche uns die Kraft geben sollen, an unser Ziel zu ____________. 79
29. Wenn das Motiv einer Person mit dem Motiv einer anderen im Widerstreit liegt, sprechen wir von einem ____________ (siehe auch Fußnote, Seite 83). 83
30. Wenn ein Bedürfnis nicht befriedigt werden kann, weil der Weg zum Ziel von einer Person bzw. einem Umstand blockiert wird, sprechen wir von einer ____________. 84
31. Die Unlustgefühle, die so eine ____________ begleiten, sind umso stärker ausgeprägt, je wichtiger uns das ____________ ist. 79
32. Die zur Zielerreichung bereitgestellten Energien können sich nun wenden: 84
32.1: Gegen den ____________ (Gegeneinander, Kampf- ____________).

32.2: Gegen eine(n) Person (Gegenstand), die (der) meine 84
Frustration nicht selbst ausgelöst hat, das ist die sogenannte
Ab- ____________ (Vgl. »klassischer Kreislauf«: Chef haut
Vater in die Pfanne, Vater schimpft Mutter . . .)

32.3: Gegen die eigene Person: Diese sog. ____________ 85
führt zu sog. _________-Krankheiten bzw. zu chronischen
__________-manövern. So ein Mensch wirkt __________,
__________, __________, krank.

33. Eine interessante Mischung kann man bei Menschen beobach- 85
ten, die immer ____________ (Vgl. auch das »weinende,
trotzende, beleidigte Kind« in uns, Transaktionale Analyse,
Anhang, Seite 185).

34. Wenn wir weniger Unlustgefühle erleben würden, wenn wir ein- 86
mal nicht so perfekt (z.B. ____________, ___________,
__________, »wissend« _________) wären, wie wir laut
____________ anderer glauben, sein zu müssen, dann würden
wir freier sein, freier von der Furcht, anderen zu mißfallen, freier
von dem Zwang, immer das ____________ tun zu wollen.
Freier, um Freudehormone zu produzieren. (Vgl. Anhang: *We-
niger Frust, mehr Lust im Leben* (Seite 209). Wir wären weniger
von der Krankheit des _______________ (SENG-TSAN)
bedroht, die zu innerem Konflikt und viel Leid führt!

35. Dann würden wir mehr Mut zum eigenen Ich haben, mehr Mut,
das zu sein, was wir eigentlich sind. Wir würden uns, um mit
WATTS zu sprechen, nicht mehr so leicht mit der ________ 85
verwechseln, die wir uns (durch die Einflüsse unserer Program-
mierung) selbst gegeben haben!

36. Etwas mehr Respekt für die _________ des anderen würde 86
uns automatisch besser, ver-ständiger, ein-sichtiger verhandeln
lassen!

37. Wir unterscheiden nach HERZBERG die sog. positive und die 89
negative ____________.

38. Die positive Motivation nennen wir ___________-Methode. 89

39. Die negative Motivation nannte er ________, d.h.: _____. 89
____________. Diese Methode geht zwangsläufig mit Druck
und ____________, sowie mit maximaler ____________
einher.

40. Die positive ________-Methode kann nur zum Erfolg führen, wenn die ________ aus den Bedürfnissen dessen bestehen, den ich motivieren will! Also, wenn er die ______ auch will! 92

7.4. Teil 3: Zur Logik

1. Wenn B Nein gesagt hat, müssen wir uns fragen: 88
   1. Welche ________ hat er?
   2. Kann sich zumindest eines seiner ________ mit meinem eigenen verbinden lassen!
   3. Wenn nein, werde ich seine Position respektieren?
2. Die Verantwortung für eine Verhandlung liegt bei demjenigen, der den anderen überzeugen möchte (egal, wer von beiden nun offiziell die Rolle von »Chef« oder »Kunde« einnimmt).
3. Je mehr mir an einem Ziel liegt, das ich zu erreichen trachte, desto mehr ________ muß ich investieren. 102
4. Das Schema I wenden wir an, wenn das Nein des anderen gefallen ist, wiewohl wir ein ______ erwartet hatten. Hier steht das Angebot (unserer Aussage, Bitte, etc.) bereits im Raum. 103
5. Wenn wir nun merken, daß der andere Nein sagt, treffen wir unsere erste Entscheidung: ______ ich weiter? (Lohnt es sich für *beide*? Wenn die Antwort Ja lautet, gehe ich zu ________ II über). 104
6. Das Schema II wenden wir an, wenn wir von vornherein wissen, daß unser Angebot (Standpunkt, etc.) Widerstand, d.h. ________ im anderen auslösen wird. 102
7. Zunächst überprüfe ich, ob ich auch weiß, ________ der andere ablehnt. Ich stelle also Informations-Fragen. 111
8. »Wer fragt, führt«, sagen wir. Warum aber setzt die Frage-Technik ausgezeichnete Denkhirn-Tätigkeiten voraus? Aus drei Gründen:
   8.1: Weil der Fragende den besseren ________ haben muß als der Antwortende. 107
   8.2: Weil eine Fragetechnik ______ wird, wenn man falsch fragt (siehe unten). 107
   8.3: Weil man auch aufmerksam ________ können muß! 107

9. Falsche Fragen sind Fragen, bei denen: 107
9.1: B keine Möglichkeit bekommt, zu antworten, 107
9.2: B zu sehr bedrängt wird (z.B. wenn die __________- 107
frage zu früh eingesetzt wird), 108
9.3: Digitalworte eingesetzt werden, die B __________ sind,
9.4: Der Tonfall aggressiv ist, so daß diese »Frage« eigentlich
einen Angriff darstellt.

10. Wir unterscheiden grundsätzlich zwei Frage-Typen: 123
10.1: ____________ -Fragen und
10.2: ____________ -Fragen.

11. Erstere helfen uns, inhaltlich mehr zu erfahren (z.B.: Welche
Gründe des B scheinen gegen meine Argumente zu sprechen?)
Letztere helfen uns, strategisch mehr zu erfahren. Sie erhöhen
unsere Fähigkeit, Kontrolle über die Gesamt-Situation zu behal-
ten. Wir haben in unserem Text zwei spezifische Kontrollfra-
gen kennengelernt:
11.1: »Wenn ich Sie richtig verstanden habe . . . «. Diese Frage 123
bittet um ___________ (= Rückkoppelung). Sie hilft uns
zu kontrollieren, ob wir den anderen richtig ___________
haben, sie hilft auch Mißverständnisse zu vermeiden. Außerdem
kann es sein, daß dem anderen bei unserer Zusammenfassung
noch etwas Wichtiges einfällt, eine Zusatzinformation, die wir
haben sollten, ehe wir unser _________ machen. 122
11.2: Die sog. ____________-Frage soll uns helfen, Vor- 126
Wände von Einwänden ____________ zu lernen. Sie folgt 127/
nach dem genannten Grund von B, wenn dieser Grund ein 128
Gegenargument darzustellen scheint.

12. Wenn der Verdacht besteht, daß Bs Grund ein Vorwand sein 125
kann, darf ich diesen Grund nicht ____________.

13. Denn wenn ich es täte, würde ich strategisch gesehen dem ande- 125
ren die ______ wegziehen, ihn also seiner Schutzfunktion
berauben, was dann Kampfhormone bei ihm auslösen kann.

14. Deshalb darf die Angenommen-Frage keinen Lösungsvorschlag 126
beinhalten. Ich stelle diese Frage je bei Verdacht auf _____-
___________, also gerade dann, wenn ich befürchte, daß es sich
um einen ________-_________ handeln könnte.

15. Wird die Angenommen-Frage bejaht, so handelt es sich mit gro- 128
ßer Wahrscheinlichkeit um einen ____________.

16. Jetzt darf ich meine Argumente vorbringen.
17. Wird die Angenommen-Frage hingegen verneint, so muß ich 128
weitere ______________ suchen.
18. Dann kann ich von der berechtigten Annahme ausgehen, daß sein vorher genannter Grund entweder ein Vor-Wand oder aber nicht der Hauptgrund war.
19. Wenn ich seinen Einwand kennengelernt habe, dann kann ich erst entscheiden, ob sich diese Fragezeichen-Situation zu Plus schieben läßt, oder ob ich eine Minus-Situation vor mir habe (wenn ich den Grund nämlich nicht entkräften kann bzw. wenn ich das Problem nicht lösen kann).
20. »Wahr« ist für B nicht, was ich gesagt habe, sondern das, was er wahr-genommen hat! Deshalb liegt die Verantwortung einer Nachricht immer beim Sender, weil ja nur der Sender die volle Nachricht kennt. Strategisch bedeutet dies, daß ich eine Kon-
trollfrage stelle, die um ________________ bittet, wenn ich 123
annehme, daß vielleicht ein Mißverständnis zu Aneinandervorbei (oder gar zum Gegen- __________) führt.
21. Das Experiment, das Sie mit Ihren Freunden machen können, 141
wenn Sie die Denksportaufgabe in zwei Teilen (Taubstummer und Blinder) stellen, demonstriert eine ______________.
22. Denkrinnen können durch Erfahrungen, aber auch durch Überlieferungen entstehen. Deshalb besteht die Gefahr *bio-* __________ Mechanismen, wenn man beim anderen eine Denkrinne angreift. Daher: Fragen sind besser, als Aus- _____ _____. Hier haben wir noch die größte Chance, das _____-Hirn des anderen zu aktivieren! Sonst kann er über unsere Worte ja nicht mehr nach- __________.
23. Was Schlußfolgerungen angeht, so unterscheiden wir zwischen 143
den sog. ______________ Schlußfolgerungen, d.h. denen, die logisch nicht zulässig sind, nicht _____ sind, und solchen, die zwar valide, aber trotzdem nicht wahr sind.
24. Eine Schlußfolgerung beim sog. Syllogismus wird von zwei Aus- 143
sagen, von sog. ______________ hergeleitet.
25. Ein Umkehrschluß wird durch das Umkehren eines gültigen Satzes gezogen. Wenn wir z.B. wissen, daß eine Katze, die im Regen war, naß wird, können wir allerdings nicht darauf schlie-

ßen, daß jede nasse Katze im Regen gewesen sein muß (weil es auch andere Möglichkeiten gibt, naß zu werden).

26. Beim Erstellen von Kausalketten, bei denen Ursache und ________ etabliert werden sollen, bestehen gewisse Denk-Gefahren, die dann zu solchen unzulässigen Umkehrschlüssen führen können. 145

27. Desweiteren besteht die Gefahr einer sog. »selbst-abdichtenden« Erklärung (WATZLAWICK), die dann überhaupt nicht mehr falsifiziert werden kann, weil man jeden »Gegenbeweis« als weitere Erhärtung der eigenen ________________ ansieht (Vgl. Zitat, Seite 147). 147

28. Was uns geläufig, völlig »normal«, gewohnt erscheint, ______ ____ wir nicht (Regel Nr. 11). 149

29. Fragetechniken verhindern nicht nur *bio-* ___________ und ________-logische Krisen, sondern sie sind auch von der Logik her sinnvoll, weil wir nämlich bestimmen, worüber der andere nachdenkt. Falsche Fragen werden allerdings Gedanken erzeugen, die wir nicht wollten! 150

30. Es ist nicht zuletzt eine Frage der Intelligenz, ob man Fragetechniken erfolgreich einsetzen kann. Und des Trainings natürlich!

Kapitel 8

Übungen/Spiele zur Psycho-Logik

Im folgenden finden Sie Aufgaben, die Sie alleine durchführen können, wiewohl es sinnvoll wäre, die Resultate in einer Gruppe zu besprechen, falls eine Arbeitsgruppe besteht. (Auch die Familie kann eine solche Gruppe darstellen oder der Kollegen- bzw. Freundeskreis.)

8.1. Aufgabe Nummer 1

Bitte ordnen Sie der Aufstellung von A's Vorteilen auf Seite 113 jeweils die Stufe MASLOWs zu.

8.2. Aufgabe Nummer 2

Bitte analysieren Sie die beiden Urlaubsgespräche (S. 113/120) auf Kampfmanöver sowie auf Aussage-Typen (Kap. 3) hin. (Sie sollen hier nur ein Gefühl für diese Prozesse erwerben. Achtung, falls Sie in der Gruppe diskutieren: Es kommen mehrere Analyse-Ansätze in Frage! Lehnen Sie also nicht sofort ab, wenn ein anderer die Situation anders sieht!)

8.3. Aufgabe Nummer 3

Können Sie feststellen, auf welcher Stufe MASLOWs Sie selbst ziemlich »stark engagiert« sind? Dieses Wissen hilft Ihnen, etwaige strategische Fehler aufzuspüren, die Sie selbst vielleicht häufig machen. (Ein nochmaliges Lesen der Seiten 39 ff könnte sehr hilfreich sein, wenn Sie bewußt jeden Satz auf sich selbst beziehen und sich selbst dabei hinterfragen).

8.4. Aufgabe Nummer 4

Sind Sie eher ein Kampf- oder ein Flucht-Typ? Als Kampf-Typ neigen Sie zum Überreden, wenn Sie sich frustriert fühlen. Als Flucht-Typ neigen Sie eher zu Ausflüchten, wenn Sie sich nicht mehr wehren können.

8.5. Aufgabe Nummer 5

Analysieren Sie einige Fallbeispiele aus unserem Buch einmal auf die Inhalts- und die Beziehungs-Ebene bezogen. Stellen Sie fest, welche Signale in welche Ebene eingeordnet werden müssen. Damit schärfen Sie Ihren »Blick«, so daß Sie diese Analyse später automatisch auch bei Verhandlungen vornehmen können.

8.6. Aufgabe Nummer 6

Testen Sie einmal, wie Sie Ihre Wirklichkeit aufnehmen: Greifen Sie, ohne hinzuschauen, auf Ihre Armbanduhr, und verdecken Sie so das Zifferblatt.

Nun fragen Sie sich: »Habe ich römische oder arabische Ziffern, Striche, Doppelstriche, Punkte oder etwas anderes auf meinem Zifferblatt? 12mal dasselbe oder unterschiedliche Zeichen?« Dann beantworten Sie diese Frage hier:

Ich habe: ____.

Nun sehen Sie nach!

Haben Sie es gewußt? Wenn nicht, seien Sie beruhigt: Die meisten Menschen wissen es nicht, weil wir unsere Wirklichkeit immer nur selektiv wahr-nehmen können. Wenn Sie auf die Uhr schauen, um die *Zeit* abzulesen, ist es ja auch völlig uninteressant, wie die Ziffern beschaffen sind.

Eine zweite Frage: Vor ca. einer Minute haben Sie auf die Uhr gesehen. Wie spät ist es jetzt? Nicht nachsehen!!

Jetzt ist es genau ________ Uhr ________ Minuten.

Sehen Sie jetzt nach. Wenn Sie festgestellt haben, daß Sie es nicht wußten: Auch dies ist normal. Vor eineinhalb Minuten hatten Sie auf die Uhr gesehen, um festzustellen, was für ein Zifferblatt Sie haben. Also war zu jenem Zeitpunkt die Uhrzeit nicht interessant.

Aber wenn wir dies begreifen, dann haben wir vielleicht auch mehr Verständnis dafür, wenn andere Menschen *anders* selektieren als wir. Wenn anderen andere Schwerpunkte wichtiger erscheinen als uns!

8.7. Aufgabe Nummer 7

Was sehen Sie hier!
Bitte beantworten Sie die Frage, ehe Sie umblättern:

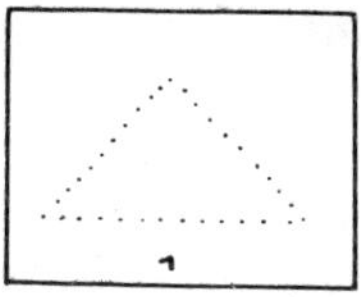

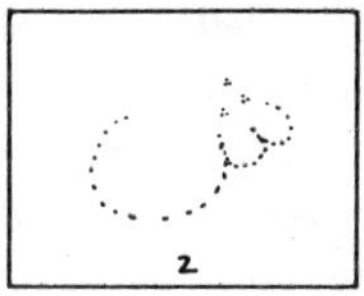

Ich sehe bei 1: ____________________ bei 2: ____________________

Nun, was haben Sie geantwortet?

Haben Sie bei 1) eins der folgenden gesehen:

a) Dreieck,
b) Pyramide,
c) Hausdach (Giebel),
d) ein anderes dreieckartiges Gebilde?

Nun, was Sie wirklich sehen konnten, waren *Punkte*. Das heißt: Wenn eine Information *unvollständig* ist, dann vervollständigen wir sie sofort. Automatisch. Das ist ein guter Mechanismus, solange sich zwei Menschen verständigen wollen, die von denselben Grundinformationen ausgehen. Dann sagen Sie z.B. zu einem Gast: »Ach, machen Sie doch bitte mal das große Licht an«, und er weiß, daß Sie Ihre Deckenlampe meinen, wiewohl diese vielleicht in Wirklichkeit *kleiner* ist als die Stehlampe, die gerade brennt.

Wenn aber der andere andere Erfahrungen in seinem »Kreis« herumträgt, dann wird er diese unvollständige (oder ungenaue) Information nicht »richtig« ergänzen können (wie in Bild 2). Hier haben Sie wahrscheinlich nicht gewußt, was es ist. Hier haben Sie vielleicht sogar »Punkte« eingetragen? Nun, im zweiten Bild sehen Sie ein »Sch«, d.h. ein *shin*, d.i. ein »sch« als arabischer Buchstabe dargestellt. Hier würden also Araber *sofort* die folgende »Figur« erkannt haben:

Vielleicht hilft dieses Experiment uns, etwas verständiger zu sein, wenn andere uns mißverstehen, oder wenn wir nicht sofort begreifen, was jemand meint, dem es schwerfällt, sich genau auszudrücken.

8.8. Aufgabe Nummer 8

Versuchen Sie einmal einen Text (optimal eine glühende Liebesszene eines Groschenromans) ohne Signale der Beziehungs-Ebene vorzulesen. Sie müssen also verzichten auf:

Tonfall-Variationen,
sprachrhythmische Veränderungen,
Pausen,
nachdrückliches Sprechen etc.

Also müssen Sie erstens die Satzzeichen mit-lesen, weil ihr Tonfall ja nicht »hochgehen« darf (bei einer Frage) oder »hinunter« (bei einem Punkt).

Zweitens dürfen Sie sich vom Inhalt her nicht beeinflussen lassen, die Beziehungsebene, die beschrieben wird, auch darzustellen. Wenn es z.B. heißt: »Sie seufzte abgrundtief und sagte dann sacht ... «, dann dürfen Sie weder andeutungsweise seufzen, noch »sacht« sprechen.

Wenn Sie diese Übung im Freundeskreis machen, werden Sie Tränen lachen! Aber Sie entwickeln dabei ein Gefühl für diese Signale, die wir normalerweise ja nur unbewußt wahrnehmen!

8.9. Aufgabe Nummer 9

Nehmen Sie anschließend einen Text, der »todlangweilig« ist, also einen sachlichen Text, und versuchen Sie, diesen *mit* Signalen der Beziehungsebene zu lesen. Wieder lachen Sie sich »krank«, und wieder schärfen Sie Ihr Gefühl für eben diese Signale!

8.10. Aufgabe Nummer 10

Nehmen Sie sich vor, jeden Tag eine »psychologisch« gute Tat zu vollbringen. Wie die Pfadfinder. Also: Einmal pro Tag jemandem eine SE[1] zukommen zu lassen; einmal pro Tag jemandem geduldig zuzuhören, der

[1] Streicheleinheit

Sie vielleicht langweilt; einmal am Tag bewußt auf Augenkontakt zu achten etc. Sie werden erstaunt sein, wie positiv der andere reagiert, was wiederum Sie selbst freut. Somit kann es sein, daß eben diese positiven Reaktionen anderer Ihr positives Verhalten verstärken, so daß es Ihnen bald Freude machen wird, öfter mal bewußt »gut« zu kommunizieren.

Kapitel 9

Übungen/Spiele zur Logik

9.1. Aufgabe Nummer 1

Diese Aufgabe ist dem Buch (4) meines Vaters entnommen, er hat sie speziell für Seminare entwickelt:

»Stellen Sie sich vor, Sie seien Angestellter in einem Reisebüro. Der Herr XY wird gleich bei Ihnen erscheinen und sagen, er hätte noch drei Wochen Urlaub. Er wüßte aber nicht, wohin er fahren solle und will sich von Ihnen beraten lassen.

Nun haben auch Verkäufer in Reisebüros bestimmte Auflagen. Sie müssen Charter-Maschinen und Vertragshotels füllen. Deshalb werden Sie sich jetzt *festlegen*, welchen Urlaubsort sie dem XY verkaufen wollen.

In der Regel entscheidet sich der Verkäufer für einen Urlaubsort, den er selbst kennt. Sagen wir mal, er nennt den Ort Crikvenica an der jugoslawischen Adria. Nun sagen Sie dem Verkäufer noch, das Spiel werde auf alle Fälle *nach drei Minuten abgebrochen*, ganz gleich, wie weit er mit seinem Verkaufsgespräch sei.

Jetzt rufen Sie den »Kunden« herein. Damit alle Teilnehmer sehen, daß bei dieser Übung nicht mit »doppeltem Boden« gearbeitet wird, weisen Sie den Kunden vor allen anderen ein: »Herr XY! Ihr Kollege ist Verkäufer in einem Reisebüro! Sie haben heuer noch drei Wochen alten Urlaub gut und wissen diesmal wirklich nicht, wohin Sie fahren sollen. Also gehen Sie ins Reisebüro und lassen sich beraten. Schlägt Ihnen der Verkäufer einen Urlaubsort vor, der Ihnen zusagt, dann buchen Sie! Wenn nicht, dann eben nicht! Verhalten Sie sich also bei diesem Rollenspiel genau so, wie Sie es als privater Kunde tun würden!«

Dieses Spiel geht – wie viele Rollenspiele! – oft kaputt, weil sich der »Kunde« nicht an seine Rolle hält. Ich füge deshalb stets hinzu: »Sie müssen sich aber strikt an Ihre Rolle halten! Wenn Ihnen der Verkäufer beispielsweise den Nordpol als Urlaubsort empfiehlt, dann dürfen Sie nicht sagen: ›Ich wollte eigentlich heuer einmal an den Südpol!‹ Denn Sie wissen ja wirklich nicht, wohin Sie fahren sollen!«

Nachdem Sie unsere Analyse dieser Situation ja schon gelesen haben, wäre es optimal, wenn Sie andere dazu bewegen könnten, den Berater zu spielen. Sie werden erstaunt, entsetzt sein, wie oft der zu verkaufende Ort schon innerhalb der ersten 20 Sekunden angeboten wird. Wie wenig gefragt wird. Wie wenig der Berater die Bedürfnisse des »Kunden« erarbeitet!

Anhand dieses Spiels können Sie graduell eine Fragetechnik entwickeln, die am Ende unserem zweiten Urlaubs-Fallbeispiel Seite 120 ff ähnelt.

9.2. Aufgabe Nummer 2

Eine Motivationsübung: A soll B zu »etwas« motivieren, z.B. das Fenster zu öffnen.

B hat seiner Rolle gemäß die Aufgabe, Nein zu sagen.

Nun schicken Sie den A-Spieler hinaus und einigen sich innerhalb der Gruppe, was Bs Einwand ist. Beispiel: Er kam gerade von den Vereinigten Staaten, wo er jahrelang gelebt hatte, und kennt sich mit den deutschen Fenstern nicht aus.

Nun wird noch ein Vor-Wand ausgemacht, den B zunächst vorschieben soll, weil es ihm »peinlich« ist, sofort zuzugeben, daß er nicht weiß, wie unsere deutschen Fenster geöffnet werden.

Wieder wäre es optimal, wenn andere, die das Buch noch nicht gelesen haben, die A-Rolle einnehmen. Wieder werden Sie entsetzt sein, wie solche Gespräche in der Regel verlaufen. Wieder können Sie graduell zu unserer Fragetechnik (Schema II, Kap. 5) hinarbeiten.

Achtung: Dieses Spiel kann sehr lustig werden, wenn A auf stur schaltet und B ihn so richtig »auflaufen« läßt.

9.3. Aufgabe Nummer 3

Spielen Sie ein Ratespiel. Es gleicht dem »heiteren Beruferaten«, mit folgenden Ausnahmen:

1. Sie raten nicht Berufe, sondern Gegenstände. D.h. der Spieler, der die Fragen beantwortet, denkt an einen spezifischen Gegenstand, den die anderen erraten sollen.

2. Ja-Antworten werden nicht belohnt und Nein-Antworten nicht »bestraft« wie im Fernsehen. Denn auch eine Nein-Antwort hat ja Information gebracht.

Warnung: Folgende Fehler werden am Anfang immer wieder gemacht:

A: Ungenaue Fragen: »Ist es groß?« Hier wird nicht mit Ja oder Nein geantwortet, sondern überhaupt nicht. »Groß« und »klein« sind relative Begriffe, die nur in Relation zu etwas anderem Gültigkeit haben können. Also müssen die anderen lernen, sich exakt auszudrücken. Z.B.: Ist es größer als der Tisch hier?

B: Fragen, die nicht mit Ja oder Nein beantwortet werden können. Z.B.: Aus welchem Material besteht es?

C: Fragen, die zu komplex sind, die also in Wirklichkeit zwei oder mehr Fragen miteinander verbinden. Z.B.: Ist es aus Metall oder aus Holz?

D: Fragen, die mißverstanden werden können, weil man oft verschiedene Dinge meint, wenn man ein bestimmtes Wort sagt. Z.B.: Ist es gemacht worden?
Damit kann gemeint sein: Hat es eine Maschine hergestellt? Oder: Ist es vom Menschen geschaffen worden? Also Vorsicht!

Übrigens sagen wir, wenn wir dies Spiel im Seminar spielen, bei Fragen, die nicht eindeutig mit Ja und Nein beantwortet werden können, »Apfelkuchen«. Sie können sich ebenfalls ein Wort ausdenken, das Ihnen freude macht. Denn ein »Jein« wird in einer etwas durcheinanderratenden Gruppe oft von vielen als »Nein« verstanden. Deshalb sollte ein Ausdruck gewählt werden, der nicht mißverstanden werden kann, der sich also weder auf »Ja« noch auf »Nein« reimt!

9.4. Aufgabe Nummer 4

Machen Sie Denksportaufgaben, allein oder in der Gruppe. Z.B. die Logeleien von ZWEISTEIN (50) sowie alle Arten von Denksportaufgaben, die Sie finden können!

9.5. Aufgabe Nummer 5

Erweitern Sie Ihre Fragespiele aus der dritten Aufgabe auf andere Gebiete:

A: Personen *oder* Gegenstände können geraten werden.
B: Begriffe wie »Angst« oder »Liebe« können geraten werden.
C: Aspekte von etwas, was die Kinder in der Schule lernen müssen, können geraten werden. Wenn Sie z.B. Ihrem Kind bei den Biologie-Hausaufgaben helfen wollen, können Sie denken: »Ich bin der Magen«, und das Kind muß durch Fragen herausbekommen, »was« Sie sind. So werden die Vorteile des Denk-Trainings durch Raten mit dem Lernen gewisser Fakten verknüpft!

9.6. Aufgabe Nummer 6

Jemand stellt eine Frage, und andere versuchen, die Frage einzuordnen. Es gibt folgende Kategorien (8):

Strategisch gesehen unterscheiden wir zwischen Informations- und Kontrollfragen. Also könnte eine Person für diese Einteilung »zuständig« sein.

Inhaltlich kann man eine Frage aber auch »grammatikalisch« zuordnen:

a) geschlossene Fragen können nur mit Ja oder Nein beantwortet werden. Siehe Aufgaben Nr. 3 und 5.
b) offene Fragen müssen mit mehr als Ja oder Nein beantwortet sein, zielen darauf ab, eine Meinungsäußerung oder bestimmte Informationen zu erhalten. Z.B. »Wie finden Sie denn das und das?« Oder: »Wieso kann man hier nur von XY aus zu Z kommen?«
c) Suggestiv-Fragen suggerieren bereits die Antwort: »Sie wollen doch mehr Geld verdienen?«
d) Alternativ-Fragen[1] sind genaugenommen eine Unterabteilung der Suggestivfragen. Hier wird allerdings nur die Wahl zwischen zwei Möglichkeiten gelassen: »Möchten

[1] Ursprünglich hieß »Alternative« eine Wahl zwischen zwei Möglichkeiten. Heute meint man mit »Alternative« nur noch »Möglichkeit«, wenn man z.B. sagt: »Sie haben drei Alternativen.« Deswegen verstehen viele Menschen zunächst nicht, warum die sog. Alternativ-Frage nur *eine* Alternative anbietet.

Sie *ein* Ei oder *zwei*?« »Wollen Sie auf die Messe fahren oder mit McLaughlin verhandeln?«

9.7. Weitere Anregungen

Es gibt noch viele Arten des Denk-Trainings, aber es würde diesen Rahmen sprengen, sie alle beschreiben zu wollen. Deshalb hier nur eine Anregung: Es gibt eine Reihe von Ratespielen, z.B. ein Rätsel, in dem ein Teil einer Lösung gegeben wird, und die Ratenden den Rest durch geschlossene Fragen erarbeiten müssen. Z.B.:

Er war blind, deshalb wollte man ihn austauschen.

Frage: Wohin würde man ihn nun bringen?

Diese Art von Rätselaufgaben erlaubt gezieltes (systematisches) Raten, aber sie kann die Ratenden auch irreführen, wenn diese nicht gut aufpassen.

Die Lösung in unserem Beispiel:

Der »Blinde« ist ein Spiegel, aber fast jeder Ratende meint, es müsse sich um einen Menschen handeln . . .

Testen Sie dies. Erstens sammeln Sie Erfahrungen über typische Denkfehler, und zweitens weiß meistens mindestens ein Mitspieler eines Rate-Teams auch »so ein« Rätsel, und so lernen Sie mehr. (Vgl. auch das Folgebuch zu diesem Text: Fragetechnik schnell trainiert; es enthält eine ganze Reihe solcher Rätsel)

Außerdem gibt es auch kommerzielle Spiele, die durch Fragen gespielt werden können.

Letztlich kann man die Fragetechnik immer dann üben, wenn jemand einen »Rat« braucht, weil er ein Problem hat. Hier schlagen wir häufig vorschnell Lösungssätze vor, nur um dann durch sein »Ja, aber das geht nicht, weil . . . , weil . . . «, frustriert zu werden! Hier könnte man sich bestens darin üben, alle Fakten zu erfragen, ehe man einen »Rat« gibt. So kann der andere sein Problem oft selber lösen, weil wir ihm »denken geholfen« haben. Ein Üben dieses Vorgangs ist deshalb so gut, weil es uns in der beruflichen Praxis auch hilft. Oft können wir einem Kunden nur ein Produkt oder eine Dienstleistung verkaufen, wenn wir ihm damit helfen können, ein Problem zu lösen. Auch hier wird häufig voreilig konkret angeboten, weil man glaubt, man wisse schon, worum es ihm gehe (s. auch Kap. 6).

Nachwort zur 6. Auflage dieses Buches

Liebe Leser,
da inzwischen der neue Tonkassetten-Kurs **Fragen Sie sich zum Erfolg** erschienen ist, heißt dies: Entweder Sie haben dieses Buch mit den Kassetten »vorgefunden« oder aber Sie haben es »solo« gekauft. Nun möchte ich Ihnen auf den folgenden Seiten einige kurze Auszüge aus dem didaktischen Hörspiel des Kassetten-Kurses anbieten. Diese können allen Kassetten-Besitzern zur Erinnerung dienen, während sie dem Nur-Leser einen kleinen »Einblick« gewähren.

In dem didaktischen Hörspiel lernen Sie die beiden Herren Graf und Hoffmann kennen. Herr Graf ist ein Verkaufsleiter (= V), der jedoch selbst noch aktiv an der Front steht. Er unterhält sich mit dem Berater (= B).

Bitte berücksichtigen Sie, daß ein Drehbuch SPRACHE wiedergibt, somit wirken manche Sätze (wie z.B. der erste Satz) im Schriftbild etwas anders als akustisch! Außerdem finden Sie zwei Arten der Hervorhebung: *Kursive* Begriffe gelten als *Sprechanweisung* für die Studioaufnahme: Diese Wörter sollten besonders betont werden, während ich für diesen Abdruck hier zusätzlich einige Schlüsselbegriffe **halbfett** hervorhebe, um Ihnen die inhaltliche Orientierung zu erleichtern.

Hier nun einige wenige Ausschnitte aus diesem Gespräch, wir beginnen mitten drin:

V Erst nachdem ich mehrmals auf die Forderung, *man sollte fragen*, gestoßen war, leuchtete mir diese Forderung überhaupt ein. Und erst als ich in Rollenspielen in einem firmeninternen Training darauf aufmerksam wurde, daß ich dauernd redete, da begann ich das langsam in den Griff zu bekommen.

B An **Sonnentagen.**

V Wie bitte?

B An Tagen, an denen Sie sich gut fühlen, und wenn die Sache, um die es geht, für Sie *nicht* so wahnsinnig wichtig ist (wie Sie es vorhin angedeutet haben). Das sind quasi psychologische Sonnentage.

V Aaah ja! Und wenn der Himmel sich verdüstert und wenn die *psychologischen Wolken* auftauchen, dann verschlechtert sich auch meine Strategie. Das meinten Sie doch?

B Ja – aber das geht uns allen so. Zumindest *solange* wir noch keine wirklich gute Frage-Strategie entwickelt haben – eine, die auch in *schwierigen* Situationen anwendbar ist! Also gerade dann, wenn wir Gefahr laufen, Streßhormone zu produzieren. Denn *dann* wird unser **Reptilien-Gehirn** aktiv. Und *das* schaltet im Zweifelsfall auf Kampf oder Flucht um ...

V (unterbricht) ... ja! Und der krampfhafte Versuch, jemanden zu **überreden**, ist wahrscheinlich eine Form des Kampfes?

B Genau, und zwar eine subtile Form der Aggression. Damit laufen wir dann jedoch Gefahr, *die Diskussion zu gewinnen, darüber aber den Kunden zu verlieren.* Aber recht haben wir was gehabt! Da haben wir was davon, gell?

V Weiß Gott.

B Dieses Vorgehen ist allerdings *weit verbreitet.* Von der Mutter, die unbedingt will, daß der Sohn den Spinat ißt oder Mülleimer hinunterbringt, von dem Nachbarn, der Sie unbedingt zu seiner politischen Meinung überreden will, bis hin zu dem Berater, der auf **Einwände** des Kunden mit einem **Wortschwall** reagiert. *»Aber Sie müssen doch bedenken ...* «, sagen wir dann gerne, oder gar *»Das sehen Sie zu eng«* u.ä. (grinst) Also, wenn ich versuche, meinen Kindern was zu verkaufen, dann sage ich oft: *»Nun sei doch vernüftig!«* Ist das jetzt ein schlimmer Satz?

B Nun, Sie implizieren ja *erstens*, daß es nur *einen einzigen* vernünftigen Standpunkt gibt, nämlich Ihren eigenen. Und *zweitens* sagen Sie indirekt: *Wenn Du Depp jetzt meinen Standpunkt nicht einsiehst, dann lehne ich dich ab.* Dies ist also, so paradox dies auch klingen mag, ein sehr eindeutiges indirektes Kampfsignal.

V Aber doch nicht ganz so Neandertal-artig, als wenn ich ihm eine schallern würde, wie so manch anderer Vater!

B (ironisch) Oh nein, Herr Hoffmann. Sie wickeln die Keule erst in Geschenkpapier und ziehen sie Ihrem Sohn dann über.

V (nachdenklich) Hmm, ... tjaa ... eigentlich stimmt das schon. Meine innere Haltung ist ablehnend, fast feindselig.

B Dazu kommt dann sicher auch eine gewisse Aggressivität im Tonfall, nicht wahr?

V Hmm ... doooch ... ja ..., das muß ich zugeben. Aber beim Kunden passiert mir so ein Fauxpas gottseidank *nie.*

B Nichts gegen Sie persönlich, Herr Hoffmann, aber ich bin da nicht so sicher. Es gibt einige **Standard-Redewendungen**, die von der psychologischen Wirkung ähnlich sind wie der Satz *»Nun sei doch vernünftig«* –, die also in ähnlich perfider Weise **indirekte Kampfsignale** senden, die *der Sprecher* selbst meist gar nicht erkennt ...

Einige Aussagen später:

B Worauf ich hinaus will ist doch folgendes: Jeder Kunde bzw. jede Person, die wir überzeugen wollen, hat doch *eigene* Prioritäten. Wenn wir nun sagen, irgend etwas sei *schlecht, gut,* oder gar *besser* oder *am besten*, dann muß der andere das doch nicht vollautomatisch genauso sehen wie wir? Wenn wir also auf unserer Meinung beharren oder gar rechthaberisch reagieren ...

V (nachdenklich) Jaa ... schon. ... Jetzt wird mir auch klar, wo die Parallele zu dem *»Sei doch vernünftig«* liegt. In beiden Fällen impliziert man, man selbst könne es am *besten* einschätzen, und die Einschätzung des anderen sei *falsch,* wenn er unser Urteil *nicht* akzeptiert!

B Darauf wollte ich hinaus.

V (langsam, denkend) Ja ... aber, wenn ich mir das so recht überlege, dann laufe ich doch mit jeder Aussage Gefahr, daß sie meinem Gegenüber nicht paßt, wenn er nämlich *anderer* Meinung ist.

B Eben! Mit einer Frage hingegen erfahren Sie *erstens,* wie er darüber denkt ...

V (unterbricht) und *zweitens* fühlt er sich dann nicht angegriffen!

B Genau. Nur, wenn wir allzu egoistisch auf den Vorteil schielen, den *wir* durch unser Verkaufsgespräch *für uns* erhoffen, dann ist uns seine Meinung egal, dann gehen wir nicht auf den anderen ein, dann werden wir stur und fallen in Denkblockaden, wenn unser Ziel gefährdet scheint.

V Das leuchtet ein. Und Sie meinen, das könne man *ändern?*

B Oh ja! Wenn *einige* wenige Voraussetzungen erfüllt sind, wird gerade *die* Art von Situation, die Ihnen *bis heute* besonders schwierig erschien, in der Zukunft zu einer Herausforderung für professionelle Fragetechnik.

V Klingt ja fast wie ein **Spiel**, bei dem die **bessere Strategie** siegt.

B Nun, wenn wir damit meinen, daß wir uns und *unsere* Ziele nicht so *furchtbar ernst* nehmen müssen, daß wir gleich ins Reptilien-Gehirn fallen ... Aber es ist ein sehr ungewöhnliches Spiel, nämlich ein Spiel, bei dem es **nur Sieger** und keine Verlierer gibt. Somit haben wir dann eine Situation, in der jeder profitiert, und am Ende sind alle zufrieden.

V So sollte eigentlich jedes gute Verkaufs-, Überzeugungs- oder Motivationsgespräch enden, nicht wahr?

B Theoretisch schon. Wenn man fähig wird, es so zu führen.

Etwas später:

V Geht denn ein **NEIN** des Kunden nicht *häufig* mit einer eher *negativen* Gesprächs-Atmosphäre einher?

B Nur wenn der Berater **strategische Fehler** gemacht hat. Oder haben Sie noch *keine* Ablehnungen erlebt, die *Sie* akzeptieren konnten, *ohne daß* Sie stimmungsmäßig abgerutscht wären?

V Nun, ich schon. Obwohl ich mich manchmal schon ärgere, wenn's nichts wird. Aber gerade jüngere Kollegen klagen immer wieder, daß es sie deprimiert, wenn sie nicht zu Potte kommen.

B Möchten Sie einen Tip für diese Kollegen?

V Gerne!

B Gut. Dann schlage ich Ihnen ein kleines **Experiment** vor, das Sie mit solch einem Kollegen durchführen können; allerdings wählen sie bitte einen neutralen Zeitpunkt. D.h., nicht gerade *den* Moment, da er Ihnen gerade sein Leid geklagt hat.

V O.K.

B Machen Sie diesem Kollegen mal ein *Angebot,* das er höchstwahrscheinlich *ablehnen* wird. Fragen Sie ihn z.B., ob er interessiert wäre, für ein altes Radio mit Sammlerwert 2 500,– Mark zu bezahlen. Und, wenn er ablehnt, dann stellen Sie die Zusatzfrage, und das ist die Hauptsache, bei diesem kleinen Experiment. Fragen Sie ihn jetzt, ob er glaubt *Sie* müßten jetzt deprimiert sein.

V Aah ja!! Interessant!

B Eben. Wenn Sie *jetzt* darüber sprechen, daß doch theoretisch *jeder,* dem ein Angebot gemacht wird, das Recht haben muß abzulehnen, ohne daß der Anbietende sich verletzt fühlt, dann können Sie ihm sicher helfen.

V Das glaube ich auch.

B Wir versetzen uns nämlich viel zu selten in die **Rolle des Empfängers**. Wenn *wir* in der Rolle des Kunden sind, dann finden wir es selbstverständlich, daß wir *nicht alles* kaufen oder akzeptieren müssen, nur weil jemand es angeboten oder gesagt hat. Aber in dem Moment, in dem wir selbst etwas anbieten – ein Produkt oder unsere Meinung –, da reagieren wir dann oft beleidigt, wenn dieses Angebot nicht freudestrahlend akzeptiert wird.

V So habe ich das noch nie gesehen ...

Etwas später:

V Hätten Sie einen Tip, wie man das Gefühl für **körpersprachliche Signale** verbessern kann?

B Oh ja! Das können Sie beim **Fernsehen** erreichen.

V Moment mal, ferngesehen habe ich schon lange, ohne dabei dieses Gefühl besonders zu entwickeln.

B Nun, Sie werden etwas *anders* fernsehen als in der Vergangenheit.

V Ahaa!, und wie?

B Sie erinnern sich, daß wir vorhin zwischen der **Inhalts-** und der **psychologischen Ebene** unterschieden haben?

V Natürlich. Und daß die psychologische Ebene diejenige ist, auf der die Signale der Annahme oder der Ablehnung ... aah! Klar. Hier kommt's nicht darauf an WAS man sagt, sondern WIE man es sagt? Also auf die Körpersprache, richtig?

B Genau. Und jetzt der **Fernsehtip** hierzu: Wenn Sie fernsehen, wobei es *fast jede informative Sendung* sein kann, von Nachrichten über Dokumentarberichte bis hin zu Diskussionen oder Spielfilmen, solange Menschen zu sehen sind, die irgendwie sprechen oder miteinander reden. Also, *wenn* Sie fernsehen, dann achten Sie ja *normalerweise* vorwiegend auf die Inhalts-Ebene. Richtig?

V Außer es wird zu langweilig, dann schalte ich um.

B Gut. Und genau das *Umschalten* tun Sie in Zukunft anders.

V Anders?

B Ja. Sie schalten nämlich *geistig* um! In *dem* Moment, da das, WAS die Leute da sagen, Ihnen zu *langweilig* wird, schalten Sie um *auf die Art, WIE sie es sagen.* Damit verlagern Sie Ihre Aufmerksamkeit von der Inhalts-Ebene auf die Beziehungs-Ebene

V Und: Beziehungs-Ebene = psychologische oder Gefühls-Ebene?

B Genau, der Fachausdruck ist Beziehungs-Ebene.

V Das ist ja toll! Sicher kann man später, wenn man diese Art des aktiven Wahrnehmens gelernt hat, auch beim Kunden *weit mehr* sehen oder hören als früher?

B Natürlich. Beim Fernsehen durchlaufen Sie quasi das Training im Trockendock.

Etwas später:

V Ich muß zugeben, wenn man mir damals die Notwendigkeit zum Fragen besser erläutert hätte, hätte ich mich auch wesentlich leichter getan! Wir hatten nur ein Training im Sinne des WIE, aber über das WARUM wurde fast nichts gesagt.

B Nun, das ist im Grunde ein **Delegations-Fehler des Trainers.**

V Delegation?

B Ja. Gute Motivation schließt ein, daß man den Leuten sagt, warum sie so und nicht anders vorgehen sollen. Wenn sie diese Gründe akzeptieren, dann werden sie bei kleinen Pannen oder unvorhergesehenen Problemen selbständig im Sinne des Chefs entscheiden können; außerdem sind sie motiviert und stehen hinter diesen Maßnahmen. Läßt man jedoch die Gründe weg . . .

V . . . nach dem Motto: *»Was sollen die sich meinen Kopf zerbrechen!«?*

B Genau; dann hat man später Mitarbeiter, die unwillig arbeiten und die, im Falle einer kleinen Krise hilflos sind, diese selbst bzw. diese im Sinne des Chefs zu lösen.

V So habe ich das noch nie gesehen. Aber ich versuche intuitiv, meinen Leuten das WARUM mit dem WIE zu erläutern. Nur, jetzt weiß ich auch WARUM das funktioniert. *Meine* Gruppe ist nämlich weit motivierter als die meines Kollegen, dessen Verkäufer bei jedem Treffen sich vor allem durch lautes Jammern und Meckern auszeichnen!

B Wenn man boshaft wäre . . .

V Dann!

B Dann könnte man sagen, daß ein Verkaufschef, der seinen Leuten den richtigen Umgang mit den Kunden nicht verkaufen kann . . .

(BEIDE LACHEN!)

Anhang A

Einführung in die Transaktionale Analyse (T.A. nach BERNE, ein Nachdruck[1])

Vorwort

Zu Ihrer Orientierung zwei Diagramme, welche Ihnen zeigen, »wo« Sie (P) (A) und (K) in bezug auf Teil I unseres Buch-Textes »lokalisieren« können:

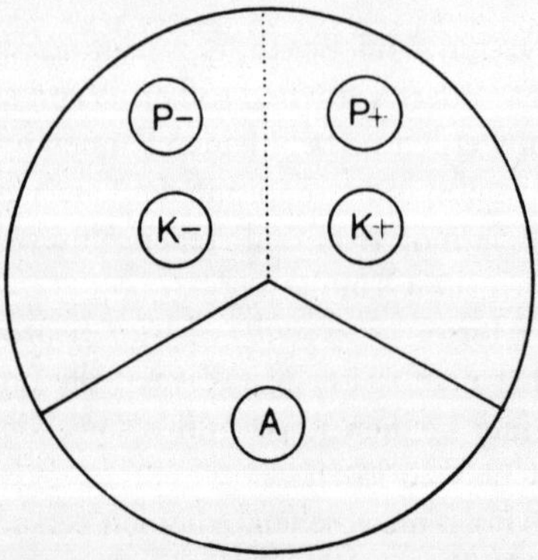

bio logisch

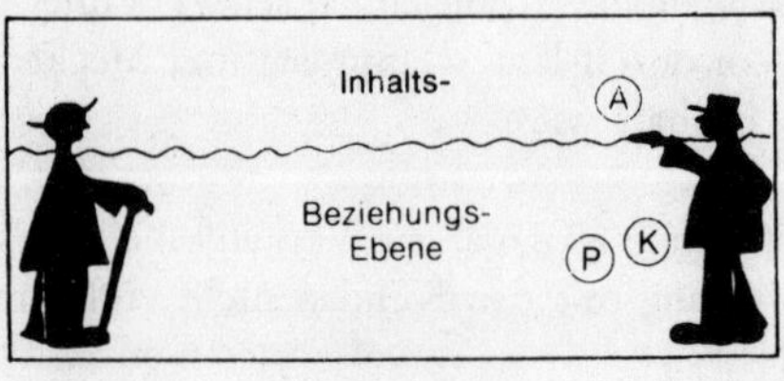

psycho logisch

[1] Erschien ursprünglich als Serie im Verlag WRS, München, 1979

Teil I:

1 Einführung in die Transaktionale Analyse

Im folgenden werden wir einige Denkmodelle der sog. Transaktionalen Analyse (T.A.) kennenlernen. Die T.A. ist eine von BERNE (USA) entwickelte Form der Analyse, die es auch dem intelligenten Laien gestattet, in relativ kurzer Zeit sowohl ein intellektuelles als auch ein emotionales (gefühlsmäßiges) Verständnis für sich und andere zu erlangen.

Das Gesamtsystem der T.A. gliedert sich in vier Teilsysteme:

1.1 STRUKTURALE ANALYSE (S.A.)	Sie ist eine wesentliche Hilfe zum Erkennen der Persönlichkeitsstruktur (sowohl der eigenen als auch bei unseren Mitmenschen).
1.2 die eigentliche TRANSAKTIONALE ANALYSE (T.A.)	Dieser 2. Teilaspekt ist so wesentlich, daß später das Gesamtsystem nach ihm benannt wurde. Hierbei handelt es sich um die Analyse der zwischenmenschlichen Beziehungen, die »Transaktionen« genannt werden. Es handelt sich also um eine Analyse der Kommunikation und ihrer Störfaktoren.
1.3 ANALYSE DER PSYCHOLOGISCHEN SPIELE	Dieser Aspekt der T.A. befaßt sich mit »festeingefahrenen Verhaltensmustern«. Als Beispiel sei hier nur der Hau-Mich-Spieler erwähnt: Das ist ein Mensch, der sich immer wieder so verhält, daß er den Zorn seiner Umwelt auf sich zieht. Warum wir solche »Spiele« betreiben, welchen Sinn sie haben, und wie die Umwelt sich gegen solche Spieler verhalten soll – darum geht es hier.
1.4 ANALYSE DER SKRIPTEN	BERNE stellt fest, daß man von seiner Umwelt auf Erfolg bzw. auf Versagen programmiert werden kann. D.h. daß der einzelne nun seinem »Skript« gemäß handelt, wenn er Erfolg hat bzw. wenn er (immer wieder) versagt. Die Skript-Analyse wird uns helfen, solche Programme bei sich und anderen zu erkennen. Man kann solche Programme nämlich ändern!

Da BERNE ursprünglich Freudianer (= Schüler und Anhänger der Lehre von FREUD) war, wollen wir uns kurz mit FREUD bekannt machen.

Sigmund Freud (1856 – 1939) wurde als der Begründer der Psychoanalyse berühmt. Er stellte die wesentlichsten psychologischen Denkmodelle auf, die wir heute noch kennen, besonders was das Bewußte und das Unbewußte angeht. Einen dieser Gedanken wollen wir hier als Ausgangsbasis nehmen.

2 Die Persönlichkeitsstruktur nach FREUD (ES, ICH, ÜBERICH)

FREUD sagte: Wenn der Mensch geboren wird, besitzt er noch keine Persönlichkeitsstruktur. Es bestehen zunächst nur die nötigen Anlagen, da sich die spätere Persönlichkeit aus drei (nacheinander entstandenen) Schichten zusammensetzen wird. Da ist zunächst einmal das ES. Dieser Teil ist angeboren. Er ist mit Energien besetzt und beherbergt alle Triebe und Antriebe. Deshalb ist das kleine Lebewesen überhaupt fähig, seine Wünsche (z.B. Hunger) durch Schreien kundzutun, d.h.: deshalb kann es versuchen, seine Bedürfnisse zu befriedigen. Das ES zeichnet sich dadurch aus, daß es nur diese eigenen Bedürfnisse kennt. Das Eingehen-Können auf Bedürfnisse anderer muß nämlich (später) erst gelernt werden. Das ES könnte man mit einem Wort umschreiben: Es WILL! Es funktioniert nach dem Lustprinzip. Hierbei muß darauf verwiesen werden, daß das Wort »Lust« in der Psychologie eine andere Bedeutung hat als in der Alltagssprache: »Lust« ist die Bedürfnisbefriedigung jeder Art; »Unlust« hingegen die Verhinderung der Bedürfnisbefriedigung. Wenn wir sagen, daß das ES nach dem Lustprinzip funktioniert, meinen wir damit: Es versucht, sich Lust zu verschaffen und Unlust zu vermeiden. Damit aber gerät es in Widerspruch mit seiner Umwelt.
So passiert es immer häufiger, daß die Umwelt mit einem »Das darfst du nicht!« reagiert. Es kommen also die Großen, die ja immer ÜBER dem kleinen Wesen zu stehen scheinen, und beginnen, das Kind durch ihre Ge- und Verbote zu programmieren. Dies ist die Entstehung der zweiten Persönlichkeitsschicht: Des ÜBERICHS. Es ist angefüllt mit Ge- und Verboten, mit Regeln wie man sich verhalten soll, wie nicht, mit der sog. Moral. D.h. durch die ÜBER-ICH-Funktion entwickelt sich nun das sog. Gewissen.
Auch dieser Prozeß ist ungeheuer wichtig. Wäre der kleine Mensch ohne ihn doch nie in der Lage, Rechte und Besitz anderer zu achten, auf Wünsche anderer Rücksicht zu nehmen und gewissen Regeln gemäß zu leben, ohne die die Gemeinschaft oder gar eine Gesellschaft nicht existieren könnte. Die dritte Persönlichkeitsschicht nannte FREUD das ICH. Das ist der Teil in uns, der sich mit der Realität auseinandersetzt. Es sagt zum Beispiel das ES: »Ich WILL das!« Das ÜBERICH jedoch sagt: »Das darfst du nicht!« Nun schaltet sich das ICH ein, indem es als VERMITTLER zwischen den beiden anderen Instanzen unseres Seins steht. Es hilft uns entscheiden, ob und unter welchen Umständen das ES seinen Wunsch vielleicht doch befriedigen darf. Das ICH funktioniert nach dem Realitätsprinzip. Es ist der Teil in uns, der Daten und Fakten aufnehmen, analysieren und verwerten kann; der Teil in uns, der sachlich Auskünfte gibt; der Teil unserer Psyche, der uns hilft, ENTSCHEIDUNGEN aller Art zu treffen.

andere nach seinem Schema umfunktionieren möchte. Und dem liebevollen P, der Liebe zeigen, helfen, sich fürsorglich kümmern, pflegen und Zärtlichkeit zeigen kann:

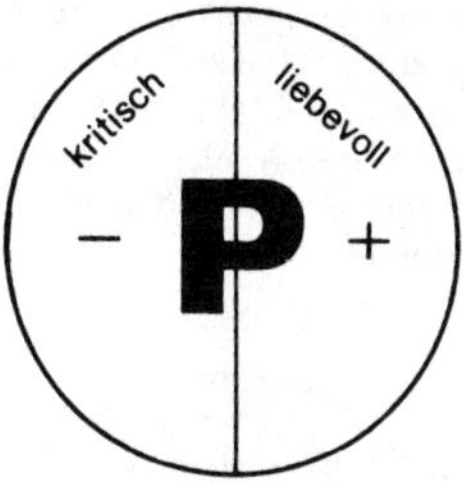

Fig. 2: Der P

4.2 Der A

Das ICH wurde bei BERNE zum sog. »A«, d.h. zum »analytischen Teil« unserer Psyche. Das ist der Teil in uns, der Daten und Fakten aufnehmen, analysieren, speichern und abrufen kann und uns hilft, Entscheidungen zu treffen. Ein Vorurteil des kritischen P kommt wie aus der Pistole geschossen (automatisch, weil einprogrammiert), ein analytisch durchdachtes (auf Fakten beruhendes) Urteil jedoch kommt langsam, weil vom A analytisch durchdacht.

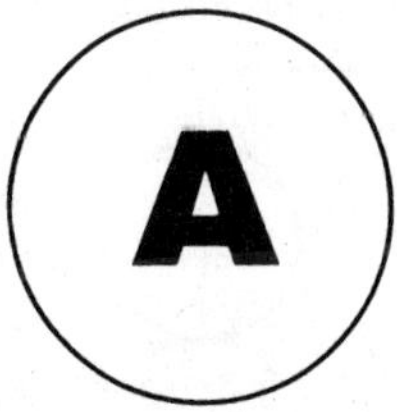

Fig. 3: Der A

4.3 Das K

Das ES von FREUD wurde bei BERNE zum »K«. Das ist das Kindheits-Ich, mit dem wir geboren wurden. Es beinhaltet die Triebe und Antriebe, die Bedürfnisse, das »Haben-« und »Tun-Wollen«, aber auch die Neugierde (ohne die kein Lernprozeß möglich wäre), die Spontaneität (ohne die wir zu Robotern würden), die Kreativität (ohne die keine Neuerungen möglich wären) und den Sex (als einen der Triebe).
Sie wissen, daß der Mensch sowohl vom Intellekt als auch von Gefühlen regiert wird. Wenn Sie sich die Persönlichkeitsstruktur ansehen, werden Sie feststellen, daß der

A (analytische Teil) keine Gefühle beinhaltet, der P (programmierte Teil) nur gelernte, so daß erst das K (Kind in uns) der eigentliche Sitz der Gefühle sein kann. Sie wissen des weiteren, daß wir ein Produkt unserer Erfahrungen sind. Hat ein Mensch überwiegend positive Erfahrungen gemacht, so werden es überwiegend positive Gefühle sein, die sein K ausdrücken wird. (Hier sprechen wir vom natürlichen K.) Hat jemand aber sehr viele schmerzliche Erfahrungen sammeln müssen, so sagen wir: Er hat ein großes WEINENDES K in sich. Also wird sein Verhalten relativ häufig weinerlich, schmollend, trotzend oder abwehrend sein. Auf das weinende K werden wir später noch ausführlicher eingehen.

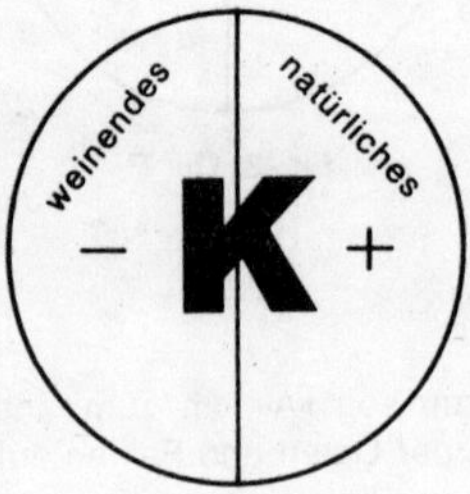

Fig. 4: Das K

Wenn wir die einzelnen Ich-Zustände nun aufeinandersetzen, erhalten wir das strukturanalytische Portrait der Persönlichkeit nach BERNE:

Fig. 5: PAK

5 Praktischer Nutzen der Strukturalen Analyse

Solange das Verhalten anderer Menschen unseren Wünschen entspricht, machen wir uns relativ wenig Gedanken über sie. Solange wir mit unserem Verhalten relativ zufrieden und erfolgreich sind, denken wir relativ wenig darüber nach. Aber: Wenn wir nun mit dem Verhalten anderer (oder unserem eigenen) *unzufrieden* sind? Dann fangen wir an zu fragen, zu analysieren und die Prozesse, die dazu geführt haben, verstehen zu wollen.

6 Fallstudie: Auf dem Kasernenhof

Der Ausbilder steht vor drei Soldaten. Er schreit den ersten (der links steht) an: »Ihr oberster Jackenknopf ist nicht zu!« Der Mann schaut an sich herunter, knöpft die Jacke zu.
Bei einer solchen Situation benötigen wir keine Analyse. Es kann uns ziemlich egal sein, daß es der kritische P des Ausbilders war, der ihn veranlaßt hat, diese Feststellung zu machen. Nun die Situation noch einmal, allerdings etwas anders:

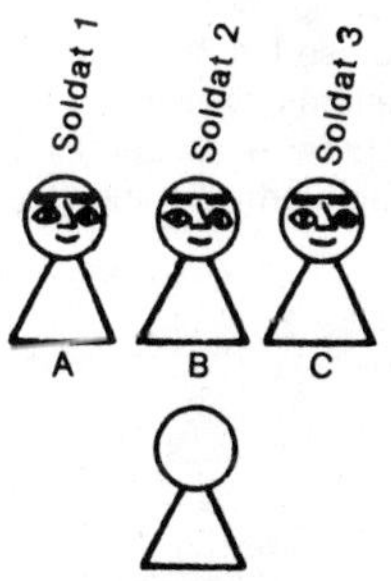

Fig. 6: Der Ausbilder und die drei Soldaten.

Den linken Soldaten nennen wir A, den mittleren B und den dritten C.

Wieder ruft der Ausbilder A zu, seine Jacke sei nicht zugeknöpft. Diesmal aber antwortet B, der an sich herunterschaut: »Mit Verlaub, die Jacke ist zu!« Darauf der erboste Ausbilder zu B: »Mit Ihnen habe ich ja gar nicht geredet!« Nun aber antwortet C: »Ich habe ja auch gar nichts gesagt!«
Aha! Stimmt's, daß Sie sich (wenn Sie diesen Witz noch nicht kennen) fragen: »Wieso denn? Wie kommt den B dazu, zu antworten, wenn A gemeint war? Und wieso antwortet C, wenn B angesprochen wird?«
Die Antwort ist sehr simpel: Der Ausbilder hat geschielt!

7 Der schielende Ausbilder in unserer täglichen Praxis

Wie oft passiert es, daß wir (psychologisch gesehen) zu schielen scheinen! Da sagt zum Beispiel der Ehemann, der seine roten Socken sucht, zu seiner Frau: »Liebling, hast du meine roten Wollsocken gesehen?« Sie antwortet mit einem: »Immer beschuldigst du mich, wenn du dein Zeug nicht finden kannst!!!« Das heißt: Wenn wir uns die drei Ich-Zustände P, A und K als »Soldaten: vorstellen wollen, ist doch die Situation genau die gleiche. Eigentlich hatte der Ehemann eine Auskunft vom A der Frau erwartet. Bekommen aber hat er eine Rechtfertigung ihres weinenden K. Also hat ein »anderer Soldat« geantwortet. Wenn wir diese Dinge durchschauen können, wird sich unser Verhalten unseren Mitmenschen gegenüber positivieren lassen. Wenn der Ehemann begreift, daß er es nun mit dem weinenden K zu tun hat, wird er nicht sagen: »Ich habe dich doch gar nicht beschuldigt, du dumme Gans!«, weil er weiß, daß diese Bemerkung das weinende K zum noch lauteren Brüllen veranlassen wird.
Er wird . . .
Ja, was wird er?
Sie sehen also, daß die Strukturale Analyse die Basis zum Verständnis der zwischenmenschlichen Transaktionen ist und daß wir die Strukturale Analyse als Eingang in die Transaktionale Analyse brauchen.
Deshalb ist es wesentlich, daß Sie die aktiven Ich-Zustände Ihrer Gesprächspartner erkennen lernen. Sonst können Sie später keine Strategie planen. Da aber der Weg zur Menschenkenntnis zwangsläufig über die Selbsterkenntnis führen sollte, werden Sie zunächst lernen müssen, diese Ich-Zustände an sich selbst zu finden. Lernen Sie also Ihr P, Ihr A und Ihr K kennen. Diesem Zweck dient die folgende Aufstellung von typischen Verhaltensweisen der einzelnen Ich-Zustände. Lesen Sie diese aufmerksam durch und machen Sie dann die folgende Übung.

8 Aufstellung typischer P- und K-Verhaltensmuster

Der P			Das K	
kritischer P	liebevoller P		natürliches K	weinendes K
meckern nörgeln belehren schimpfen bemängeln zurechtweisen verbessern besser wissen bevormunden Vorurteile & Werturteile äußern auf die Meinung der Nachbarn achten andere seinem Schema gemäß zu leben zwingen drohen Druck anwenden andere zwingen Befehle geben Anordnungen geben das macht man so! das darfst du nicht! das mußt du anders machen . . . du kannst aber auch gar nichts! jetzt hast du das schon wieder falsch gemacht! immer verschlampst du alles! das weiß man doch! so geht das doch nicht! unmöglich	Liebe und Zärtlichkeit zeigen helfen wollen Fürsorge zeigen unterstützen beraten Mutti hat dich lieb ein lieber Blick ein Lob ein nettes Kompliment tut dir das weh? soll ich dir ein Aspirin holen? liebevoll in die Arme nehmen Komm, wir machen das zusammen Geht es Ihnen wieder besser? Ich wollte Dir nicht weh tun		spielen Neugierde zeigen spontan seine Gefühle ausdrücken Freude zeigen Schmerz zeigen lachen lächeln Sex Kreativität das ist schön! das mag ich nicht! ich will auch sowas! laß mich! das ist meins! spiel mit mir! hilf mir! ich will auch! schau mal, was ich kann!! vor Freude in die Hände klatschen	weinen trotzen schmollen sich rechtfertigen sich verteidigen Abwehr Angriff manipulieren weinen/schreien Wut/Ärger Neid/Eifersucht Schadenfreude immer ich! nie glaubt man mir! du tust mir weh! jetzt rede ich überhaupt nicht mehr mit dir älabetsch! ausgeschmiert! m.d. Fuß aufstampfen beleidigt sein

9 PAK-Analyse-Test

Lesen Sie die nachstehenden Beschreibungen von Verhalten bzw. die Zitate genau durch und entscheiden Sie dann (mit Ihrem A), welcher Ich-Zustand dieses Verhalten bzw. diese Worte hervorgerufen hat. Tragen Sie dies dann am Rande ein! **Am Schluß** erst sehen Sie auf Seite 205 nach, ob Sie es richtig gemacht haben. (Bei P zwischen krit. und liebev., bei K zwischen natürlichem und weinendem K unterscheiden!)

Analyse:		Beschreibung bzw. Zitat:
	1.	Sie sind ja unmöglich, Mann! Jetzt habe ich Ihnen das schon zigmal erklärt!
	2.	Ich möchte (= will) heute früher heimgehen, weil ich noch wo hin muß.
	3.	Wieviel Uhr ist es jetzt?
	4.	Der Kunde befühlt die Ware neugierig.
	5.	Die Mitarbeiterin schaut den Chef beleidigt an: "Immer beschuldigen Sie mich, wenn hier irgend etwas los ist. Ich kann aber diesmal wirklich nichts dafür!"
	6.	Wenn wir hier noch das P eintragen, ist das Diagramm fertig.
	7.	Das haben wir schon immer so gemacht!
	8.	Vater hebt bedrohend die Hand.
	9.	Mutter nimmt das Kind liebevoll in die Arme.
	10.	Tu das. Und zwar sofort! Hast du gehört?!
	11.	Wozu braucht man dieses rote Kabel hier? Die Funktion ist mir noch nicht klar.
	12.	So ein schönes Kleid! Kann ich das mal anprobieren?
	13.	Die Ergebnisse zeigen, daß . . . (sachlicher Tonfall)
	14.	Die alte Dame rümpft verächtlich die Nase. "Diese jungen Dinger meinen auch, sie müssen den halben Hintern zeigen! Nein, diese Mode von heute!"
	15.	Sie brauchen mich gar nicht so dumm anzureden! Sie sind selbst nicht gerade perfekt! (Angriff als Verteidigung)

Analyse:		Beschreibung bzw. Zitat:
	16.	Geben Sie das her! Das ist immer noch MEIN Locher.
	17.	Wann glauben Sie, daß Sie den Bericht fertig haben können, Frl. Müller? (sachlicher Tonfall)
	18.	Der Meier ist ein richtiger Lustmolch! Gestern auf der Party hat der sich vielleicht an die Uhlmann herangemacht, obwohl die doch verheiratet ist! Was der sich wohl dabei denkt?!
	19.	Wenn's Ihnen nicht paßt, können Sie ja gehen! Es zwingt Sie kein Mensch hier zu arbeiten! (Druck anwenden)
	20.	Ein netter, lieber Blick.
	21.	Geben Sie mal her; ich mache das schon! Sie werden's sonst wieder falsch machen!
	22.	Zeigen Sie mal. Die Meßwerte sind schon wieder auf Null gesunken. Was machen wir denn dann am besten? Wie haben wir denn das bei der letzten Messung gehandhabt? (sachlicher Ton)
	23.	Jetzt hat die Müllerin schon wieder einen Bonus gekriegt. Die wird aber bevorzugt, so viel wie die arbeiten wir schon lange. (Neid)

So, nun müßten Sie PAK ein wenig in den Griff bekommen. Achten Sie die nächste Woche einmal ganz bewußt auf Ihre Umwelt. Lernen Sie, den kritischen P und das weinende K herauszuhören, weil die beiden so häufig Probleme aufwerfen können. Lernen Sie das natürliche, fröhliche K und den liebevollen P zu schätzen. Sie werden bald merken, daß bei den meisten Menschen die Persönlichkeitsstruktur übergewichtig angelegt ist. D.h., daß kaum jemand gleich große Ich-Zustände hat. Des weiteren werden Sie feststellen, daß Menschen, die sehr schnell mit dem kritischen P bei der Hand sind, gleichzeitig ein ziemlich großes weinendes K in sich herumtragen. Und daß der liebevolle P-Typ auch fröhlich lachen und sich freuen kann. Lernen Sie auch, sich selbst ein wenig einzuschätzen. Reagieren Sie sehr häufig kritisch, oder können Sie auf den liebevollen P umschwenken? Dürfen Sie sich freuen und fröhlich sein, oder weint Ihr K recht oft? Das wird Ihnen helfen, wenn Sie die Umweltreaktionen Ihnen gegenüber besser verstehen wollen.
Das war die **Einführung** in S.A., die Strukturale Analyse. Im Teil II steigen wir in die eigentliche S.A. ein. Bis dahin sollten Sie sich ein wenig Gespür im Erkennen der Ich-Zustände erarbeitet haben, **wenn** Sie aus diesem Wissen einen **praktischen** Nutzen ziehen wollen.

Teil II:

Im ersten Teil dieses Heftes haben wir uns mit den drei Ich-Zuständen eines Menschen vertraut gemacht. Nun versuchen wir, uns ein Gespräch anzusehen, wobei wir eben dieses Modell der sog. Strukturalen Analyse verwenden wollen.
Nehmen wir an, Hans sagt zu Maria: »Wie spät ist es?« Dann hat Hans damit die sog. Transaktionen begonnen. Marias Antwort, wie immer sie lauten wird (selbst wenn Maria schweigt), wollen wir dann als zweite Hälfte dieser Transaktion betrachten. Um dieses Geschehen graphisch ausdrücken zu wollen, gehen wir natürlich davon aus, daß jeder Gesprächspartner die in Teil I beschriebenen Ich-Zustände in sich vereint:

Abb. 1

Nun fragen wir uns, aus welchem Ich-Zustand heraus Hans wohl gesprochen hat? Richtig, aus dem A. Er will ja eine sachliche Information erhalten (analytisch). Also beginnen wir den Bleistift bei dem A von Hans anzusetzen.
Nächste Frage: Welchen Ich-Zustand in Maria hat er angesprochen? Richtig, ebenfalls den A. Also ziehen wir nun einen Pfeil vom A des Hans zum A der Maria. Die erste Hälfte dieser Transaktion verläuft also von A zu A, sagen wir dann:

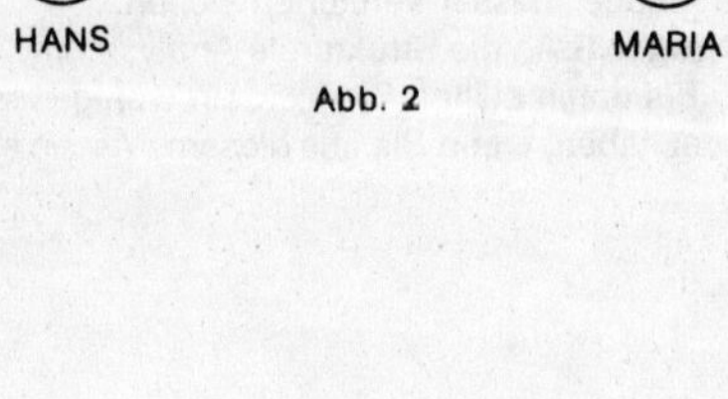

Abb. 2

Nun wollen wir Marias Antwort auch in das Diagramm einzeichnen. Angenommen sie sagt: »Es ist genau 13.36 Uhr.« Welcher Ich-Zustand in ihr hat gesprochen? Richtig, der A. Also setzen wir den Bleistift bei Marias A an und stellen uns die nächste Frage: »Welchen Ich-Zustand in Hans spricht sie wohl an?« Richtig, den A. Also wird unser Pfeil wieder von A zu A zurücklaufen:

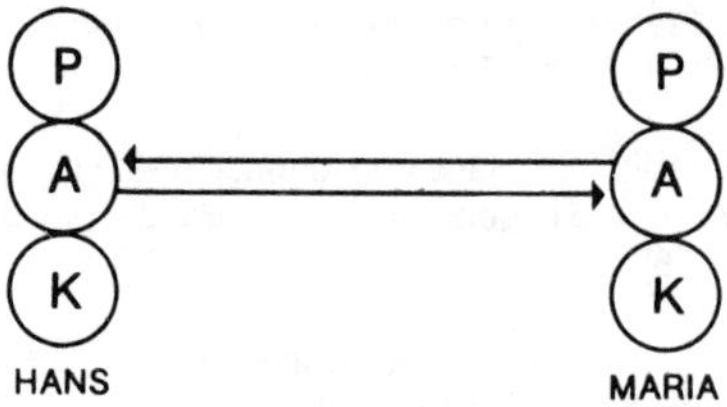

Abb. 3

Was aber nun, wenn Maria ganz anders reagiert? Was, wenn Sie zum Beispiel sagt: »Hast du denn schon wieder deine Uhr vergessen!?« Wir sehen bereits, daß es verschiedenartige Transaktionen geben wird. Deswegen ist es notwendig, das Aufzeichnen derselben ein wenig zu üben, damit man dann auch schwierigere Situationen im beruflichen (und privaten) Alltag besser verstehen lernen kann. Deshalb hier noch eine Bemerkung zum Diagramm: Da Sie ja im Nachhinein nicht mehr ersehen können, wessen Pfeil der erste war, und welcher der zweite, numerieren wir die Pfeile. Also setzen wir neben den Pfeil von Hans' A zu Marias A eine kleine »1«. Damit deuten wir an, daß dies die erste Hälfte der Transaktion symbolisiert. Und neben Marias A setzen wir eine kleine »2«, weil dieser Pfeil die zweite Hälfte aufzeigt:

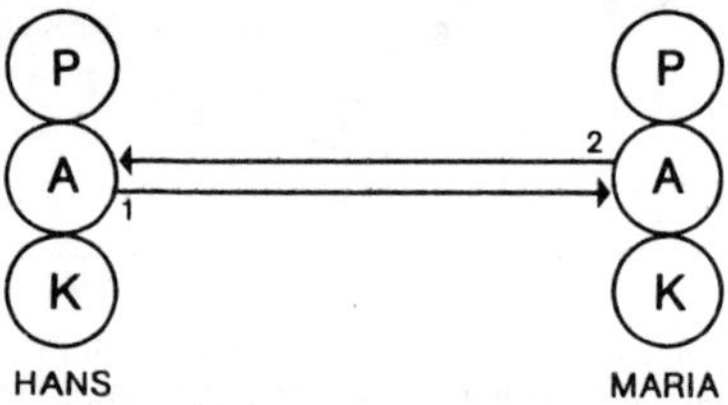

Abb. 4

Nun können wir uns den drei verschiedenen Transaktionsarten zuwenden. Sie unterscheiden sich nämlich im Diagramm ganz klar voneinander.

1 Die einfache (oder komplementäre) Transaktion

Einfache Transaktionen sehen im Diagramm in der Regel parallel aus. Sie werden wie folgt definiert:

> **Wenn der Ich-Zustand, der angesprochen wurde, »antwortet«, und dabei den Ich-Zustand, der gesprochen hatte, adressiert, dann handelt es sich um eine einfache Transaktion.**

Beispiel ist die Transaktion von Hans und Maria, die wir eben gezeichnet haben. Andere Bespiele wären z.B. die folgenden: (Tragen Sie die Pfeile bitte ein und numerieren Sie diese in Abb. 5).

a) HANS: Du solltest wirklich aufpassen, Maria! (P zu K)
MARIA: Ja, du hast ganz recht. (K zu P)

b) CHEF: Diese Fotokopien aus dem neuen Gerät sind ja unmöglich, finden Sie nicht, Frau Müller? (P zu P)
MÜLLER: Ja, ja, solange die da oben nicht damit arbeiten müssen, können wir uns damit herumärgern, Herr Meier. (P zu P)

c) KARL: Wie wäre es mit einem kleinen Spaziergang? Das Wetter ist so schön. (K zu K)
EVA: Oh ja, wie gerne! (K zu K)

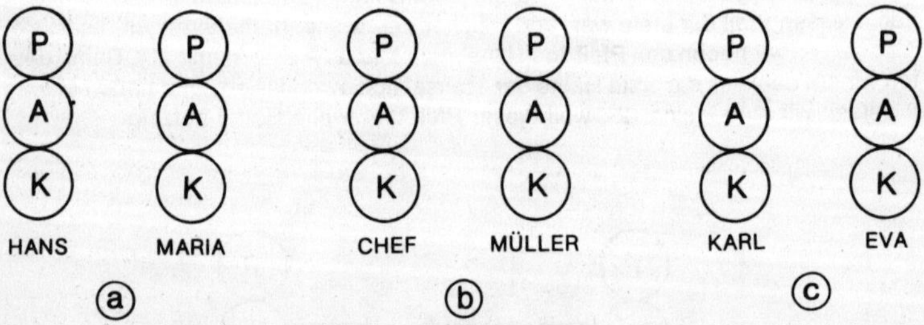

Abb. 5

Einfache Transaktionen werden auch komplementär genannt. Warum? Weil die zweite Hälfte der Transaktion die erste harmonisch ergänzt. Allerdings darf man dabei nicht annehmen, daß dies immer »gut« sein müsse. Wenn Hans zum Beispiel zu Maria sagt: »Du dumme Gans, du dumme!« (K zu K) und Maria konlert mit einem: »Selber dumm, du Depp!« (K zu K), dann ist auch diese Transaktion einfach bzw. komplementär. Der Volksmund drückt es wunderbar aus, indem er davon spricht, daß die beiden »auf einer Welle liegen«. Diese Welle kann also auch durchaus eine negative sein. Aber in der Zeichnung sehen wir die Parallelität der Pfeile. Deswegen können wir sagen, daß Komplementarität im positiven Sinne anzustreben ist, im Sinne guter Kommunikation.

2 Die gekreuzte Transaktion

Hier liegen die beiden nicht mehr »auf einer Welle«, also können wir wie folgt definieren:

Wenn sich im Diagramm zwei Pfeile kreuzen, dann sprechen wir von einer gekreuzten Transaktion.

Beispiel: Hans sagt zu Maria: »Wie spät ist es?« (A zu A), Maria aber antwortet mit dem Vorwurf (vom kritischen P her), daß er wohl seine Uhr schon wieder vergessen habe (P zu K). Im Diagramm sieht das so aus:

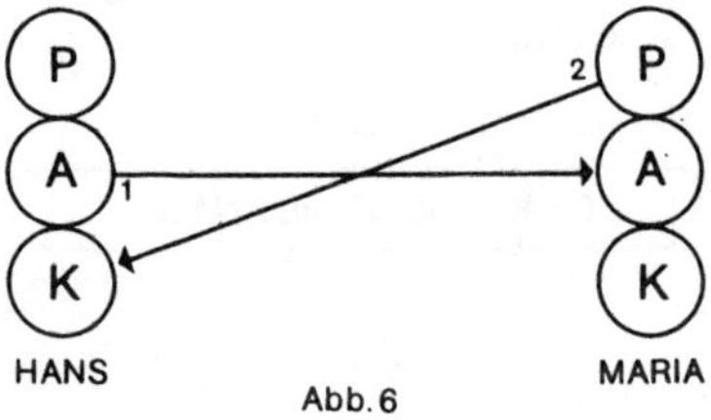

Abb. 6

Bei einer gekreuzten Transaktion haben wir die Situation des »schielenden« Ausbilders (s. Teil I von Anhang B): Hans adressiert den A von Maria, erhält aber in diesem Falle eine Antwort ihres P. Also ist die Gefahr groß, daß er jetzt böse wird, im Sinne eines: »Mit dir habe ich doch gar nicht gesprochen!« In der Praxis äußert sich das dann so, daß das gerügte K in ihm jetzt negativ reagiert. Vielleicht greift er Maria an, vielleicht rechtfertigt er sich, vielleicht wird er trotzen, schmollen, etc. Auf alle Fälle verschlechtert das erste Kreuz meist sofort die Kommunikation. Hier, an dieser Stelle, wäre es sinnvoll, wenn Sie noch einmal zu Teil I, Seite 194, zurückblättern würden. Lesen Sie die typischen K-Reaktionen noch einmal durch. Erfinden Sie dann drei mögliche Antworten für Hans als zweiten Teil der Transaktion, die wir jetzt mit Marias Bemerkung: »DU HAST WOHL SCHON WIEDER DEINE UHR VERGESSEN!?«, beginnen (Abb. 7). Ihre drei Reaktionen müssen also jeweils Reaktionen sein, die mit dem Pfeil von Hans' K zu Marias (kritischem) P dargestellt sein können:

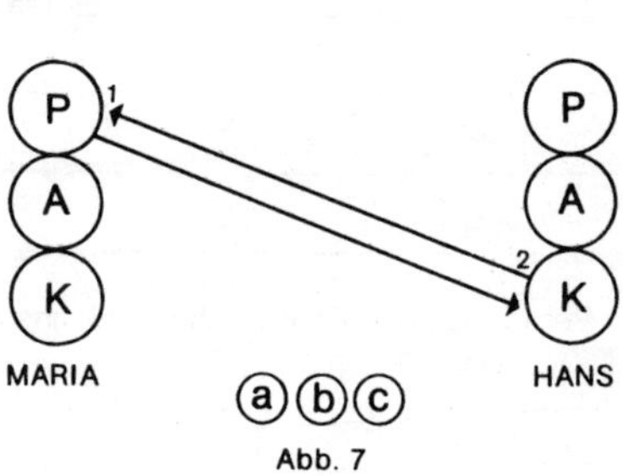

Abb. 7

Reaktion a) ______________________________

Reaktion b) ______________________________

Reaktion c) ______________________________

Wenn es uns einleuchtet, daß in der Praxis häufig eine »normale« Kommunikation, die »gut« gelaufen wäre, dadurch verschlechtert wird, daß einer der beiden Gesprächspartner das »Kreuz in die Transaktion« bringt, dann leuchtet es uns ein, daß das Verständnis um solche Zusammenhänge uns helfen kann.
Aber hier müssen wir vorsichtig sein. Man neigt dazu, zu denken, daß derjenige, der das Kreuz verursacht hat, nun »schuldig« sei. Dies ist aber eher eine philosophische Frage, als daß sie uns in der täglichen Praxis weiterbringt. Denn, wie der Volksmund ja schon so schön erklärt:

DER KLÜGERE GIBT NACH!

Wer ist denn nun der Klügere? Doch eindeutig derjenige, der die Situation (oder den anderen) klarer sehen kann. Derjenige, der begriffen hat, daß Marias Kreuz-Aussage aus dem P zeigt, daß sie momentan NICHT AUS DEM A REAGIEREN KONNTE!
Anders ausgedrückt: Jeder reagiert zunächst so, wie er gerade kann. Wenn Maria sich im Moment »grantig« (gräsig) fühlt, was eine solche Reaktion sehr wohl auslösen kann, dann ist dies eine Tatsache. Wenn Hans nun auf den für ihn unangenehmen Tonfall ebenfalls unangenehm reagiert (z. B. mit einer der von Ihnen gefundenen Möglichkeiten), dann können wir uns ausmalen, was Maria als nächstes sagen wird. Tun Sie dies einmal! Nehmen Sie die Reaktion von Hans als Beginn einer neuen Transaktion, denken Sie sich auf eine der drei von Ihnen gefundenen Möglichkeiten wiederum drei von Maria aus, und zeichnen Sie diese drei dann ins Diagramm ein (Abb. 8):

HANS: (a, b oder c von vorhin:) ______________________________

______________________________ plus Marias neue Reaktion:

a) ______________________________

b) ______________________________

c) ______________________________

Nun die drei möglichen Reaktionen von Maria noch einzeichnen:

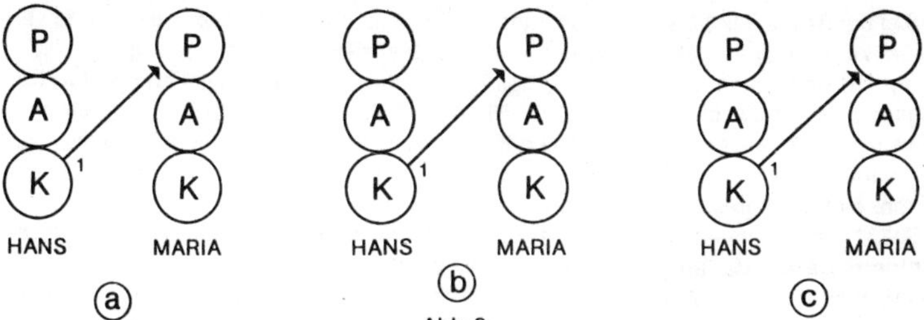

Abb. 8

Wir sehen also, (egal wie Ihre Reaktionsmöglichkeiten für Maria ausgesehen haben), daß eine genaue Analyse der gestörten Situationen im Alltag uns helfen kann, analytischer vorzugehen. Nun lesen Sie bitte folgende Grundregeln durch und überlegen Sie sich, ob Sie diese sinnvoll finden:

1. Gespräche, die nicht mehr optimal laufen, schaden beiden.
2. Der »Klügere« hat die bessere Chance, die Situation zu verbessern.
3. Je eher er dem anderen hilft, aus einem kritischen P oder aus einem weinenden K wieder herauszukommen, desto weniger hat der andere gesagt, was ihm später leid tun könnte.
4. Die Verantwortung trägt nicht derjenige, der das Kreuz verursacht hat, sondern derjenige, der die Zusammenhänge begreift, aber trotzdem nicht willens ist, die Kommunikation zu verbessern.

Im Seminar sagen Teilnehmer hier oft: »Ja, muß denn immer ich nachgeben?« Die Frage ist berechtigt. Wollen wir einmal gemeinsam überlegen: Angenommen, Sie würden versuchen, einem Vierjährigen zu erklären, warum Sie morgen nicht wie versprochen in den Zoo mit ihm gehen könnten. Wenn er Ihre Gründe einsieht, sich auf später vertrösten läßt und die Situation analytisch verarbeitet, sind Sie froh und erleichtert. Erleichtert, weil Sie genau wußten, daß Sie nicht unbedingt mit EINSICHT, mit VERSTÄNDNIS FÜR IHRE SITUATION rechnen konnten. D.h. Sie wußten, daß Sie nicht mit einer Reaktion aus dem A (Einsicht) oder dem liebevollen P (Verständnis für die Bedürfnisse anderer) rechnen konnten.

Wenn Sie nun begreifen, daß ein Mensch, der aus dem weinenden K heraus reagiert, in diesem Moment **genauso hilflos ist wie ein Vierjähriger**, der Ihr Anliegen NICHT versteht, der nun weint oder kämpft, trotzt oder schmollt . . . ist es dann noch sooooo schwer, Ihren eigenen LIEBEVOLLEN P zu aktivieren, der Ihnen ermöglicht, VERSTÄNDNIS FÜR DIESEN ANDEREN MENSCHEN AUFZUBRINGEN? (Vgl. Kampf- u. Fluchtmechanismen, Teil I dieses Buches!) Anders ausgedrückt: Ihre Reaktion wird immer davon abhängen, wieviel dieser andere Mensch, der sich derzeit im weinenden K oder im kritischen P befindet, Ihnen als Mensch bedeutet. Je weniger er Ihnen als Mensch bedeutet, desto weniger sind Sie bereit und fähig, Ihren eigenen liebevollen P zu aktivieren. Außerdem hängt Ihre Reaktion natürlich auch von Ihrer Kraft ab. Manchmal haben wir einfach die nötigen Energien nicht mehr, auf eine aggressive Reaktion des anderen mit dem liebevollen P zu reagieren.

Ziel der Transaktionalen Analyse kann und darf es daher nicht sein, Ihnen das Gefühl zu vermitteln, daß Sie in Zukunft ALLE Gespräche optimal bewältigen sollten. Dies ist unmöglich. Ziel kann es lediglich sein, Ihnen ein Hilfsmittel an die Hand zu geben, damit Sie MEHR SITUATIONEN ALS BISHER besser handhaben können, wenn unsere beiden Bedingungen erfüllt sind. Also, wenn Sie den anderen Menschen grundsätzlich mögen, und wenn Sie derzeit die nötigen Energien aufbringen können, sich erfolgreich mit seinem krit. P oder wein. K auseinanderzusetzen.
Selbst wenn es Ihnen einmal nicht gelungen ist, könnte die Einsicht Ihrerseits im **Nachhinein** (da war der andere im wein. K und ich bin mitgezogen) Ihnen vielleicht helfen, wieder den ersten Schritt zu tun. Denn dem anderen ist es vielleicht inzwischen peinlich, was er da alles zu Ihnen gesagt hat. Er ist Ihnen vielleicht sehr dankbar, wenn Sie ihm helfen, das heutige (und die künftigen) Gespräch(e) wieder positiv zu gestalten.
Nun müssen wir uns noch der dritten Art von Transaktionen zuwenden:

3 Die komplizierte Transaktion

Diese Transaktion kann man wie folgt definieren:

> **Eine komplizierte Transaktion ist eine Transaktion, in der bei mindestens einem der beiden Gesprächspartner MEHR ALS EIN ICH-ZUSTAND gleichzeitig spricht.**

Auch diesen Prozeß hat der Volksmund schon lange erkannt, wenn er nämlich zwischen DIREKTEN und INDIREKTEN NACHRICHTEN unterscheidet. Wir können sagen: Was ein Ich-Zustand »offiziell« sagt, ist die direkte Nachricht. Was aber ein anderer Ich-Zustand gleichzeitig andeutet (oft allein durch den Tonfall), ist die indirekte Nachricht. Ersteres zeichnen wir, wie immer, mit einem normalen Pfeil. Die indirekte Nachricht hingegen deuten wir mit einem gestrichelten Pfeil an:

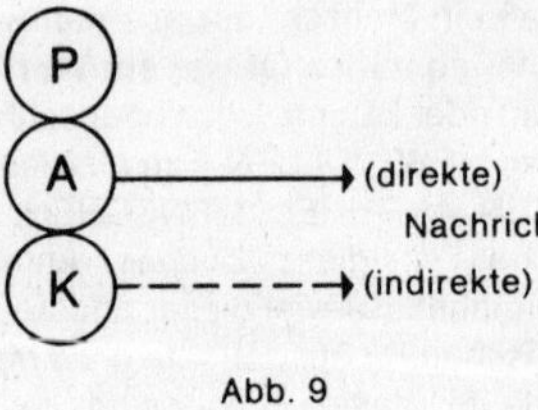

Abb. 9

Beispiel: Ein junger Mann möchte eine junge Dame spät nachts noch in seine Wohnung einlassen, weil er Hoffnungen hat, daß es zu Intimitäten kommen kann. Nun verbieten uns jedoch unsere Programme und Normen, unser »Gewissen« (d.h. unser krit. P) zu sagen: »Ich möchte zärtlich sein.« Also sendet er eine »offizielle«

(= direkte) Nachricht, die ihm sein krit. P nicht verbietet. Er sagt z.B.: »Wollen Sie nicht mit zu mir kommen? Ich habe herrliche neue Neil Diamond Platten, die können wir uns dann anhören ... «
Wir unterstellen jetzt einfach einmal, daß seine indirekte Nachricht lautet: »KÖNNEN WIR MITEINANDER SPIELEN?«, d.h. von K zu K geht, während seine direkte Nachricht von A zu A läuft. Denn hier stellt er ja lediglich fest, daß er die neuen Platten hat (das ist ein Fakt), daß man sie spielen könnte (Fakt), und er fragt, ob sie sie hören will (Frage, sachlich). Also sieht das Diagramm wie folgt aus:

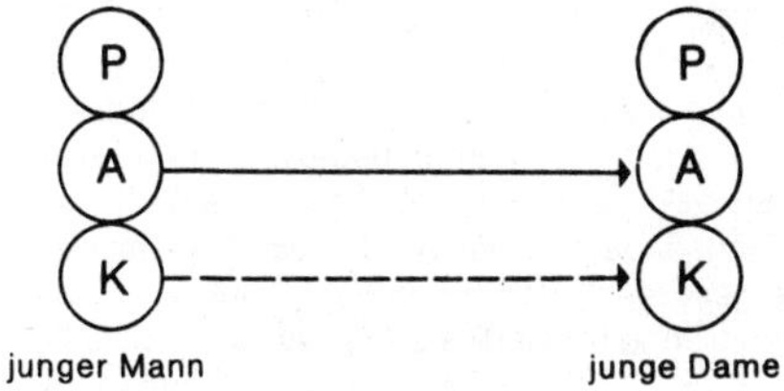

Abb. 10

Um komplizierte Transaktionen genau analysieren zu können, muß man gewisse Voraussetzungen mitbringen:

1. Man muß den anderen Sprecher sehr gut kennen, so daß man seine nichtausgesprochenen (oft auch unbewußten) Wünsche, Motive, richtig erkennen kann.
2. Man muß einiges über die Natur menschlicher Abwehrmechanismen wissen.

Deshalb wird eine exakte Analyse komplizierter Transaktionen meist nur im Kontext einer Psychoanalyse vorgenommen. Aber **die Tatsache, daß es auch solche Transaktionen gibt**, ist für unsere tägliche Praxis wichtig. Wir können nämlich wieder einige Grundregeln ableiten:

2.1. Indirekte Nachrichten werden sehr häufig nicht, unvollständig oder falsch wahrgenommen.
2.2. Ich habe kein Recht anzunehmen, daß der andere meine indirekten Nachrichten auch versteht.
2.3. Wenn ich im Zweifel bin, ob ich eine indirekte Nachricht eines anderen richtig interpretiert habe, sollte ich mich vergewissern.

Zum Beispiel kenne ich eine Dame, die Ihrem Gemahl manchmal vorschlägt, zum Essen auszugehen. Sie **sagt** dann jeweils: »Damit Du mal wieder ein richtiges Steak essen kannst, was ich ja nicht so zubereiten kann.« Er **denkt** aber seit Jahren, sie **meine** in Wirklichkeit: »Damit ich mir die Arbeit erspare.« Er hat allerdings noch nie versucht abzuklären, was sie wirklich meint! Das sind die Gefahren komplizierter Transaktionen: nicht also, daß sie vorkommen können, sondern vielmehr, daß wir sie falsch interpretieren!!

4 Zum Abschluß der Transaktionalen Analyse

Die Theorie klingt im ersten Augenblick meist etwas abstrakt, etwas schwierig. Deswegen muß man an die T.A. so herangehen, wie C.G. JUNG das Herantreten an einen Patienten empfahl:

> Lerne alles, was Du kannst, über die Theorie. Wenn Du dem Patienten jedoch gegenüber sitzt, vergiß das Textbuch!

Wenn Sie die Prozesse dieses Buches einmal durchdenken, wenn Sie einige Mini-Analysen vornehmen, um einzelne Bemerkungen aus Ihrem Alltag einmal genau zu beleuchten, werden Sie bald feststellen, daß Sie grundsätzlich ein besseres Verständnis um diese Zusammenhänge bekommen. Und wenn Sie ab und zu einmal denken: »Jetzt ist der andere gerade im weinenden K, da müßte ich nun laut Textbuch mit dem liebev. P reagieren«, und Ihnen dies auch gelingt, dann haben Sie einen echten persönlichen Erfolg erlebt. Dieser wiederum wird es Ihnen vielleicht wieder etwas leichter machen, wirklich auf Ihre Mitmenschen einzugehen. Und, letztlich profitieren Sie selbst dabei. Zum einen, weil Sie negative Prozesse frühzeitig beenden können. Zum anderen, weil man Ihnen mit genauso viel Verständnis eintgegenkommen wird, wie Sie für andere aufbringen. **A la longue** nämlich. Das scheint so eine Art Naturgesetz zu sein. Überlegen Sie einmal: Sind denn nicht gerade diejenigen, die am meisten Ärger und Schmerz in viele Gespräche bringen, dieselben, die sich am meisten darüber beklagen, man könne mit niemand mehr sprechen?

Auflösung des PAK-Analyse-Tests

1. Das ist der kritische P, der schimpft und kritisiert.
2. Das K will (sowohl das natürliche als auch das weinende).
3. Der analytische Teil (A) sucht Informationen.
4. Das nat. K zeigt Neugierde.
5. Beleidigt ist immer das weinende K, auch wenn es sein Beleidigt-Sein relativ »sachlich« verpacken möchte.
6. Der A stellt dies sachlich fest. Es ist eine Tatsache.
7. Natürlich der programmierte krit. P!
8. Drohungen (Gesten oder Worte) kommen immer vom krit. P.
9. Liebev. P.
10. Anweisungen werden vom krit. P gegeben, erzwungen und kontrolliert.
11. Der A sucht Informationen.
12. Das K will etwas, was ihm gefällt (nat. K)
13. Der A natürlich.
14. Haben Sie den krit. P nicht sofort erkannt?
15. Verteidigungen kommen immer vom weinenden K, werden aber oft als Angriff »verkleidet«.
16. Das K verteidigt seinen Besitz. Das wein. K hat Angst vor Verlust.
17. Der A sucht Fakten und Tatsachen.
18. Krit. P verurteilt!
19. Krit. P greift zum Druck, wenn er anders nicht ankommen kann.
20. Liebev. P natürlich.
21. Krit. P verurteilt, statt zu helfen, daß der andere es lernen kann.
22. Der A sucht Informationen. Er vergleicht mit früheren Daten und Erfahrungen.
23. Das wein. K ist neidisch.

Literaturhinweise

BERNE, Eric	**TRANSACTIONAL ANALYSIS IN PSYCHOTHERAPY: A systematic Individual and Social Psychiatry; New York, 1961**
BERNE, Eric	**SPIELE DER ERWACHSENEN, Hamburg, 1967**
BIRKENBIHL, Vera F.	**DER PERSÖNLICHE ERFOLG, München, 6. Auflage 1989**
BIRKENBIHL, Vera F.	**KOMMUNIKATIONSTRAINING, München, 9. Auflage 1989**
HARRIS, Thomas	**ICH BIN OK – DU BIST OK, Hamburg, 1975**
MEININGER, J.	**TRANSACTIONAL ANALYSIS: Die neue Methode erfolgreicher Menschenführung, München, 1974**

P A K Name	P A K Name	P A K Name	P A K Name
P A K Name	P A K Name	P A K Name	P A K Name

Notizen / Bemerkungen:

Dieses Übungsblatt wurde speziell für bi-seminare erarbeitet.

Anhang B

Weniger Frust, mehr Lust am Leben

Sollten Sie mit leichtem Entsetzen festgestellt haben, daß auch Sie relativ viele Kampfhormone produzieren, dann könnten Sie sich überlegen, ob Sie etwas unternehmen wollen, was Ihre Unlust reduziert und Ihre Fähigkeit zur Freude gleichzeitig proportional erhöht.

Weniger Unlust

Finden Sie heraus, worüber Sie sich am häufigsten ärgern. Diese Inventur hilft Ihnen festzustellen, bei welchen Punkten Sie eher dazu neigen würden, intolerant zu sein als liberal. Schreiben Sie einfach einmal einige Wochen lang auf, was Sie ärgert, Sie unsicher macht, in Ihnen Unsicherheitsgefühle auslöst.

Am besten nur einseitig beschriebenes Papier verwenden. Dieses können Sie später zerschneiden, so daß pro Streifen nur ein Ärgernis festgehalten wird. Dann sortieren Sie diese Papier-Streifen nach Kategorien. Ein Seminarteilnehmer fand z.B. heraus, daß bei 117 Streifen die Einteilung wie folgt war:

Kategorie A:	Verkehrsteilnehmer	65
Kategorie B:	Kollegen in der Firma	29
Kategorie C:	Familien-Ärger	16
Kategorie D:	Sonstiges	7

Dies erstaunte ihn sehr, weil es nämlich angenommen hatte, daß »Ärger über Verhandlungspartner« eine Hauptkategorie werden würde. Im nachhinein sah er ein, daß er den Ärger über Verkehrsteilnehmer nur in die Verhandlungs-Situation hineingetragen hatte, was in ihm später seinen (falschen) Eindruck erweckte.

So eine Analyse kann mehrere Vorteile haben:

1. Man kann sich bei jedem Zettel fragen: Kann ich die Situation ändern? Bei Verkehrsteilnehmern kann man die Situation nicht ändern. Hier hilft uns vielleicht EPITETs berühmter Satz: »Nicht die Dinge sind positiv oder negativ, unsere Einstellung machen sie so.« Hier lohnt es sich durchaus, an seiner Einstellung zu arbeiten. Wenn man merkt, wie oft man sich »unnötig« ärgert, über andere, die zu schnell oder zu langsam fahren etc., dann wird einem klar, wieviel Kampfhormone man andauernd in sein »Sieb« fließen läßt. Dies kann natürlich auch bei uns selbst zu Denkblockaden, zu Kampf- oder Fluchtmanövern sowie zu Streß-Symptomen führen!
2. Man stellt fest, daß man die Situation sehr wohl ändern kann. Zum Beispiel, wenn man sich über sich selbst geärgert hat. Hier kann man aktiv ansetzen, wenn man will.
3. Man stellt fest, daß man selbst den Ärger ausgelöst hat, meint aber, sich in diesem Punkt nicht ändern, nicht kontrollieren zu können. Hier wiederum kann man sich fragen, ob man nicht vielleicht allzu peinlich darum bemüht ist, in den Augen anderer gut dazustehen. Dies meinte WATTS, als er davor warnte, sich mit der Definition zu verwechseln, die wir uns gegeben haben. Z.B. stellte ein anderer Seminarteilnehmer fest, daß er manchmal ziemlich emotional reagierte und daß ihn dies ärgerte, im Nachhinein. Eine Befragung förderte dann ein Programm in seinem »Kopf« zutage, welches lautete: »Ein Mann hat *immer* kühl, sachlich, rational zu reagieren. Ein Mann weint nicht u.ä.« Nun lag das Problem lediglich an dem Wörtchen »immer«. Als er einsah, daß es im Privatbereich durchaus »gut« sein könne, seine Gefühle auch wirklich zu erleben, fiel ein »Druck« von ihm, der jahrelang auf seiner Seele gelastet hatte. Also hatte er seine Definition mit der Realität seines Erwachsenen-Daseins verglichen und festgestellt, daß ihm diese Definition keinerlei Vorteil erbrachte. Wohlbemerkt, er hat nur das Wörtchen »immer« durch »im Berufsleben« ersetzt, was ihm persönlich half. Sie persönlich würden vielleicht sogar die gesamte Forderung wegstreichen wollen oder sie unbedingt beibehalten wollen – hier muß jeder für sich entscheiden, was seinem ureigensten Wesen, seinen Bedürfnissen am nächsten kommt.

Mehr Freude

Sicher haben Sie einmal ein Hobby, ein brennendes Interesse gehabt. Sicher gibt es Tätigkeiten, die Ihnen einmal Freude bereitet haben (angefangen bei Wandern, Schwimmen, Musik-Hören, etc.). Und bestimmt haben Sie einen Teil dieser Tätigkeiten inzwischen weg-gefiltert, weil Sie meinen, keine Zeit mehr dafür zu haben?

Wenn dies so ist, dann überlegen Sie einmal:

1. Jeder Moment, in dem wir Freudehormone produzieren können, hilft unserer Gesundheit, unserem Wohlbefinden, und wappnet uns besser gegen Kampfhormone bei nichtigen Anlässen, als irgend etwas anderes es je könnte!
2. Wenn man »nie Zeit« hat, dann ist man oft »angespannt«, »nervös«, »gereizt« etc. Das heißt, daß man bereits allzu häufig Kampfhormone produziert. Je mehr man diese Kampfhormone durch Freudehormone verringern lernt, desto mehr Zeit spart man paradoxerweise!

Einer der größten Anti-Streß-Faktoren, die es gibt, ist die Zärtlichkeit. Leider leiden die meisten Menschen unserer Breitengrade (wenn sie nicht gerade eine neue Beziehung begonnen haben!) unter einem Defizit. Wenn Sie einmal bedenken, wieviele Programme es gegen Berührungen gibt. Wer soll z.B. eine alleinstehende Person berühren, streicheln, in den Arm nehmen dürfen? Warum meint man immer, daß Zärtlichkeiten unbedingt zu Sexual-Verhalten führen müssen, was viele Zärtlichkeiten unmöglich macht? Hier könnten wir von den »primitiven« Kulturen einiges lernen! Vielleicht ist also hier ein Ansatzpunkt für Sie? Fragen Sie sich, wenn Sie eine Familie haben:

a) Wie viele Streichel-Einheiten körperlicher Art bekommt die Frau (Mutter) pro Woche?
b) Wie viele Zärtlichkeiten werden zwischen Eltern und Kindern ausgetauscht?
c) Wie viele SE bekommt die Oma, der Opa, so eine(r) da ist?
d) Und wie viele bekommt der Hund oder die Katze, sofern es eine(n) in der Familie gibt?

Warum haben wir so viele ungeschriebene Vorschriften, die es uns verbieten, einander zu berühren? (Zu diesem Thema s. auch »Freude durch Streß« (9), insbes. Kap. 4 und 8.)

Gerade auf diesem Gebiet ist meines Erachtens das Hinterfragen unserer Normen äußerst lebenswichtig für jeden einzelnen!

Literaturverzeichnis

1. BATESON, Gregory et al.: »Toward a Theory of Schizophrenia«, in: Beh. Science, 251, 1956
2. BERNE, Eric: »Transactional Analysis in Psychotherapy« (A systematic Individual and Social Psychiatry) New York, 1961
3. BERNE, Eric: »Spiele der Erwachsenen«, Reinbek b. Hamburg, 1967
4. BIRKENBIHL, Michael: »Train the Trainer«, 9. Auflage, Landsberg, 1990
5. BIRKENBIHL, Michael: »Verkaufsaktiv telefonieren«, München, 1979
6. BIRKENBIHL, Michael: »Verkaufspsychologie und Verkaufstechnik anhand praktischer Beispiele«, Obertshausen, 1979
7. BIRKENBIHL, Vera F.: »Die Kunst der Gesprächsführung« (Sonderdruck: WRS-Verlag), 5. Auflage, München, 1978
8. BIRKENBIHL, Vera F.: »Kommunikationstraining«, 14. Auflage, München/Landsberg, 1993
9. BIRKENBIHL, Vera F.: »Freude durch Streß«, 8. Auflage, München/Landsberg, 1992
10. BIRKENBIHL, Vera F.: »Motivation« Kolumne in: Chefbüro, F.B.O. Verlag, Frankfurt, seit November 1978
11. BIRKENBIHL, Vera F.: »Fragetechnik schnell trainiert«, 4. Auflage, München/Landsberg, 1992
12. BRESCH, Carsten: »Zwischenstufe Leben: Evolution ohne Ziel«, München, 1977
13. CAMPBELL, H. J.: »Der Irrtum von der Seele«, München, 1973

13a CAPRA, F.: »Das Tao der Physik«, Bern, 1984

13b CAPRA, F.: »Wendezeit«, Bern, 1983

14. CASTANEDA, Carlos: »Eine andere Wirklichkeit«, Frankfurt/Main, 1992
15. CASTANEDA, Carlos: »Die Reise nach Ixtlan«, Frankfurt, 1992
16. CECCATTY; Max de: »Von der Zelle zum Menschen«, München, 1973
17. CERVANTES-SAAVEDRA, Miguel de: »Don Quichote«, München, 1988
18. CHAPMAN, A. H.: »Regeln gegen Mitmenschen«, Hamburg 1972
19. FESTINGER, Leonhard: »Conflict, Decision and Dissonance«, Standford University, USA, 1964
20. GORDON, Thomas: »Familienkonferenz: Die Lösung von Konflikten zwischen Eltern und Kindern«, Hamburg, 1989
21. HARRIS, Thomas: »Ich bin ok – du bist ok«, Reinbek b. Hamburg, 1975
22. HERZBERG, Frederic: »Work and Nature of Man«, Cleveland, USA, 1966
23. KOESTLER, Arthur: »Die Wurzeln des Zufalls«, Frankfurt/Main, 1972
24. KOESTLER, Arthur: »Der Yogi und der Kommissar«, Frankfurt/Main, 1974
25. LAING, Ronald D.: »Das geteilte Selbst«, Köln 1987
26. LAING, Ronald D.: »Knoten«, Reinbek, 1986
27. LAING, Ronald D.: »The Politics of Experience« and »The Birds of Paradise«, London, 1974
28. LAING, Ronald D.: »Das Selbst und die anderen«, Köln, 1989
29. MASLOW, Abraham H.: »Motivation und Persönlichkeit«, Reinbek, 1981
30. MONOD, Jacques: »Zufall und Notwendigkeit – Philosophische Fragen der modernen Biologie«, München, 1983

31. RATTNER, Josef: »Der schwierige Mitmensch«, Frankfurt/Main, 1973
32. RINGER, Robert J.: »Werde Nr. 1«, München/Landsberg, 1990
33. RHINEHART, Luke: »Der Würfler«, München/Wien, 1974
34. SHAH, Idris: »Die Sufis«, Düsseldorf/Köln, 1990
35. SAGAN, Carl: »Die Drachen von Eden – Das Wunder der menschlichen Intelligenz«, München, 1978
36. SOKOLOW, E. N.: *»Higher nervous functions: The Orienting Reflex«* in: Annual Rev. of Physiol., 3:545, 1963
37. SPITZ, René: *»Hospitalism: An Inquiry into the genesis of psychiatric conditions in early childhood«* in: The Psychoanal. Study of The Child, I:53, 1957
38. SZASZ, Thomas: »Die Fabrikation des Wahnsinns«, Freiburg i. Br., 1974
39. SZASZ, Thomas: »Psychiatrie: Die verschleierte Macht«, Frankfurt/Main, 1978
40. SZASZ, Thomas: »Geisteskrankheit – ein moderner Mythos«, München, 1978
41. TOFFLER, Alvin: »Der Zukunftsschock«, München, 1973
42. VESTER, Frederic: »Phänomen Streß«, München, 1978
43. WATTS, Alan W.: »The Way of Zen«, New York, 1951
44. WATTS, Alan W.: »The Book«, New York, 1966
45. WATTS, Alan W.: »Psychotherapy East and West«, London, 1973
46. WATZLAWICK, Paul: »Menschliche Kommunikation – Formen, Störungen, Paradoxien«, 4. Auflage, Stuttgart, 1974
47. WATZLAWICK, Paul: »Lösungen: Zur Theorie und Praxis des menschlichen Wandels«, 2. Auflage, Stuttgart, 1971
48. WATZLAWICK, Paul: »Wie wirklich ist die Wirklichkeit? – Wahn, Täuschung, Verstehen«, 16. Auflage, München, 1991
49. WATZLAWICK, Paul: »Die Möglichkeiten des Andersseins – Zur Technik der therapeutischen Kommunikation«, Stuttgart, 1991
50. »ZWEISTEIN« (Autor: Peter Neugebauer) –
»Logeleien von Zweistein«, Zeit-Magazin, jede Woche, sowie:
»Logeleien für Kenner«, Hamburg, 1974
»Neue Logeleien«, Hamburg, 1991
»99 Logeleien«, Hamburg, 1970

Stichwortverzeichnis

Falls Sie noch mehr Birkenbihl  lesen/hören/sehen wollen

I. Bücher

- **Kommunikationstraining** – zwischenmenschliche Beziehungen erfolgreich gestalten
- **Freude durch Streß**
- **Signale des Körpers** – Körpersprache verstehen
- **Erfolgstraining** – Schaffen Sie sich Ihre Wirklichkeit selbst
- **Stroh im Kopf?** – Gebrauchsanleitung fürs Gehirn (vgl. auch Ton-Kassetten-Set, unten!)
- **Stichwort: Schule – Trotz Schule lernen**
- **Kommunikation für Könner** – (praktische Übungen und Experimente)
- **Fragetechnik schnell trainiert** – (praktische Übungen und Experimente)

II. Tonkassetten-Programme **(„Seminare für unterwegs")**

- **Stroh im Kopf?** 3 Kassetten (Hörspiele) & Buch
- **Rhetorik-Training,** 3 Kassetten (Seminar zum Hören!) & Skript
- **Selbst-Management** (Anti-Streß, Anti-Ärger, Selbstwertgefühl), 3 Kassetten (Seminar zum Hören!) & Skript
- **Fragen Sie sich zum Erfolg!**
  3 Kassetten (Hörspiel) & Buch (Psycho-logisch richtig verhandeln)
- **Management Motivation und Menschenführung** (auch Englisch und Französisch)
  4 Kassetten (Kassetten-Seminar) & Buch

III. Videos

- **Das Leben erfolgreich meistern,** 60 Min. (teilweise Birkenbihl **live**)
- **Gehirn-gerechtes Arbeiten** (Birkenbihl **live**), 90 Min.
- **Pragmatische Esoterik im Alltag** (Birkenbihl **live**), 100 Min.
- **Gehirn-gerechte Einführung in die Quanten-Physik,** 106 Min. (Birkenbihl **live**)

IV. Sprachkurse nach der **Birkenbihl-Methode**

Fordern Sie unsere kostenlose INFO an:

birkenbihl-media, Pf 10 06 54, D-51406 Bergisch-Gladbach
Telefon: 0 22 02-9 41 70, Fax-Nr.: 0 22 02-94 17 30

Auch einige **Tonkassetten & Videos,** die man im Handel **nicht** kaufen kann, sind bei birkenbihl-media erhältlich. Außerdem mehrmals im Jahr ein **memo** mit aktuellen Hintergrund-Infos, Denkanstößen, Tagungs-Terminen und speziellen Aktionen.

BUSINESS TRAINING

208 Seiten,
Taschenbuch
ISBN 3-478-81194-5

194 Seiten,
Taschenbuch
ISBN 3-478-81182-1

240 Seiten, Taschenbuch
ISBN 3-478-81123-6

190 Seiten, Taschenbuch
ISBN 3-478-81180-5

216 Seiten, Taschenbuch
ISBN 3-478-81165-1

mvg-verlag im verlag moderne industrie AG
86895 Landsberg am Lech

Wirtschaftsthemen im Paperback